CONVERSATIONAL
TAHITIAN

CONVERSATIONAL TAHITIAN

*An Introduction
to the Tahitian Language
of French Polynesia*

D. T. Tryon

UNIVERSITY OF CALIFORNIA PRESS
Berkeley and Los Angeles   1970

Published in the United States by
University of California Press
Berkeley and Los Angeles, California

© 1970 by D. T. Tryon

Library of Congress Catalog Card No. 74-84786
SBN 520-01600-9

To Gaye

FOREWORD

The present book—one of the first textbooks of Tahitian ever published in English—fills a serious gap in the literature on Polynesian languages, and will enable interested persons to acquire a sound practical knowledge of this important language of the Pacific. I can speak with feeling on this, having been in the position of trying, with little success, to learn Tahitian away from Tahiti while utilising the existing textbooks. Their shortcomings, especially on the phonetic level, are so great as to render this task nearly futile.

I am very pleased to see that this publication has resulted from the work carried out in the Department of Linguistics in the Research School of Pacific Studies of the Australian National University, and I welcome it as the fulfilment of a dream conceived during my first visit to Tahiti four years ago.

S. A. WURM
Professor of Linguistics
Research School of Pacific Studies
Australian National University

CONTENTS

Foreword, by S. A. Wurm		vii
Introduction		xiii
Lesson 1	Pronunciation	1
	Consonants; vowels; vowel length; vowel sequences; glottal stop; words beginning with a vowel; the syllable; stress; elision; some common and useful phrases	
Lesson 2	The Articles	8
	General articles; the dual; special articles	
Lesson 3	Numerals and Time	15
	Cardinal numbers; usage of numerals; ordinal numbers; days of the week; months of the year; telling the time; temporal expressions	
Lesson 4	The Adjective	20
	Normal modifiers; changing modifiers; comparative and superlative; equality; all, every; *āna'e*	
Lesson 5	The Demonstrative	24
	Teie; tēna; tēra; taua ... ra; te reira	
Lesson 6	Possession	26
	Possessive particles; pronoun possessors; common noun possessors; proper noun possessors; possessive statements	
Lesson 7	The Pronoun	30
	Pronouns subject; pronouns object; other object markers	
Lesson 8	The Verb	32
	Word order; active verbs; passive verbs	
Lesson 9	The Causative Verb	41
	Fa'a- or *ha'a-*; *tā-*; causative and passive; noun + *hia*; dual forms of the verb; intensified verbs	
Lesson 10	The Negative	46
	'Aita and *'aore; 'e'ita* and *'e'ore; 'e 'ere;* negative + *roa; 'aiteā* and *'aore ā; 'ore*	
Lesson 11	Verbal Sentence Types	49
	Intransitive; transitive; dual object; attributive;	

	passive; passive indirect object; impersonal verbs; *vai*	
Lesson 12	Non-Verbal Sentences	52
	It is, there is; identificational; equational; to have	
Lesson 13	Time and Frequency	57
	Time phrases; frequency phrases	
Lesson 14	Location and Direction	60
	Location phrases (in, on, under, above, etc.); directionals (to, from, etc.)	
Lesson 15	Optional Phrases	66
	Benefactive; accompaniment; manner	
Lesson 16	Purpose and Cause	70
	Purpose (in order to, so that); cause (because)	
Lesson 17	Imperatives	73
	The three degrees of imperative; Arrival in Tahiti (translation)	
Lesson 18	The Interrogative I	76
	Yes?, no?; interrogative subject (who?); interrogative non-subject (whom?, which?, to whom?, whose?, by whom?); The Post Office (translation)	
Lesson 19	The Interrogative II	81
	Why?; where?; when?; how?; what?; Conversation (translation)	
Lesson 20	Dependent Sentences I	87
	Dependent subject; dependent non-subject; Visit to the Shops (translation)	
Lesson 21	Dependent Sentences II	92
	Why; when; while, when; how; what; whether; that; since; where; Copra (translation)	
Lesson 22	Special Verbal Forms	97
	Reflexive; reciprocal; emphatic pronoun; ability (can, able to); competence (know how to); attempted action (try to); The Market (translation)	
Lesson 23	Desiderative, Necessitative, Conditional	101
	Desiderative (want, want to); necessitative (must, should, ought); conditional (if); Fishing (translation)	
Lesson 24	Conjunctions	106
	Usage; Pearl-shell Diving (translation)	
Further Passages for Translation		108
	Tahiti	108
	Things to do in Tahiti	110
	Planting Sweet Potatoes	112
	The Eel's Hole	113
	The Fourteenth of July	114

CONTENTS

Orange-picking	117
The Apetahi Flower	119
House-building	120
Fishing with Stones	121
The Breadfruit Legend	123
The Lepers' Feast Day	125
Key to Exercises	127
Key to Translations	136
The Tahitian Family	146
Tahitian-English Glossary	148
English-Tahitian Glossary	161
Index	174

INTRODUCTION

Tahitian is spoken in the Society Islands of French Polynesia. The main islands on which it is spoken are Tahiti, Moorea, Raiatea, Tahaa, Maupiti, Huahine, and Borabora. It is also widely spoken and understood in most of the islands of the Tuamotu archipelago.

Numerous grammars of Tahitian, written almost exclusively in French, have appeared in the past. The need has been felt for an up-to-date Tahitian grammar, written in English, especially in view of the development of tourism and the large number of English-speaking visitors to these islands. Previous grammars have been based on classical European models, and have not been entirely satisfactory in showing how Tahitian functions. Others have been written with the purpose of evangelisation in mind.

The aim of the present work is to present a course in conversational Tahitian, the Tahitian heard every day in Tahiti and the surrounding islands. It is hoped that by means of this book readers will quickly and clearly grasp the structure of the Tahitian language, so unlike that of European languages, and be able to communicate easily in it.

This work does not, however, constitute a normative grammar of Tahitian which states that such and such a construction is correct, to the exclusion of other constructions often heard. Such a grammar would need to be written by the Tahitians themselves. What is represented here is an attempt to eliminate the formal and often archaic Tahitian found in theological literature, and to concentrate on the language and expression of Tahiti as used in everyday affairs.

Conversational Tahitian is not written for linguists alone, but for people generally who are interested in Tahiti and Tahitian. For this reason, technical terms have been avoided as far as possible.*

This study does not follow the same lines as existing grammars of Tahitian, but looks at Tahitian within the framework of Oceanic languages. Some of the traditional descriptive features have, however, been retained in the interests of clarity. The present work consists of a series of graded lessons, with exercises. Once the basic

* Specialist linguistic papers on aspects of Tahitian are, however, planned for the near future.

structures have been established, passages for translation are introduced. An attempt has been made to make these passages as relevant as possible to everyday life and events in Tahiti. Keys to the exercises and translations have been provided, together with a Tahitian-English, English-Tahitian glossary. In the key to the translations, a rather literal translation has been given so that the student may follow it more easily; this has naturally rendered the English more stilted than would have been the case had a free translation been given.

The orthography of this work is based on the traditional orthography currently in use in Tahiti, but differs from it in the following ways:
(i) long vowels are consistently marked;
(ii) the glottal stop is indicated in all occurrences;
(iii) the "elision" of traditional Tahitian orthography is not indicated (see §9).

During the preparation of this book, I have become indebted to many people and institutions. Firstly I would like to express my gratitude to the Australian National University, for making the research possible.

I wish to acknowledge my debt of gratitude to Professor S. A. Wurm, and to Drs D. C. Laycock, B. R. Finney, H. Bluhme, and N. Gunson for their advice and comment during the preparation of the manuscript.

In Tahiti, I am much indebted to the Office de la Recherche Scientifique et Technique Outre-mer, and especially to its Director, Mr H. Lavondès. I must also thank Mr Maco Tevane of Radio Tahiti for his assistance and comments, Mr Claude Robineau of O.R.S.T.O.M., and Mr and Mrs Joseph Adam of Taunoa.

My special thanks are due to my principal informant and guide, Mr François Taumihau Peu, of Papeete, for his unfailing efforts and continued encouragement and co-operation.

To the many people unnamed, but certainly not forgotten, my sincere thanks for the generous assistance, co-operation, and hospitality given to me during my stays in Tahiti.

My thanks, also, to my parents for the invaluable assistance which they gave.

It is the hope of the author that this book may be of use to English speakers interested in Tahiti and Tahitian, and that from reading it they may gain some insight into the language, daily events, and pastimes of the peoples of the Society Islands.

Lesson 1

PRONUNCIATION

Before commencing the study of Tahitian grammar, it is necessary to enumerate the sounds in Tahitian and their pronunciation. Particular attention should be paid to pronunciation, as a bad pronunciation, even with a good grammatical command of the language, can result in confusion and total lack of communication.

1. Consonants

There are eight consonants in Tahitian,* namely:

f h m n p r t v

These approximate to the following sounds in English:

- *f*, phonetically [f], as in friend;
- *h*, phonetically [h], as in house; pronounced as [ç] as in German *ich*, or [š] as in shoe when preceded by *i* and followed by *o*;
- *m*, phonetically [m], as in mouse;
- *n*, phonetically [n], as in nap;
- *p*, phonetically [p], as in sponge; this sound is unaspirated, (i.e. it lacks the puff of air that accompanies the *p* in pill or put);
- *r*, phonetically [ř], is a so-called flap sound, similar to a single tap of the English rolled *r*; it is sometimes trilled like a Scottish *r*;
- *t*, phonetically [t], as in stand; this sound is unaspirated, as for *p*, above;
- *v*, phonetically [v], as in vine; *v* is sometimes pronounced *w*, as a free variant; it is also realised as [β], which is like an English *v*, except that it is produced with the upper and lower lips, instead of with the upper teeth and lower lip. However, the pronunciation of *v* as in vine is proposed to the reader, as it will cause no confusion, nor impede communication.

In some words, *r* and *n* occur as variants. Thus:

rava'i
nava'i   to be adequate

* The glottal stop should strictly be classed as a consonant, but for pedagogical reasons it is treated separately (§§ 5 and 6).

roa'a	
noa'a	to obtain, to be acquired

One also finds *f* and *h* as variants, as in:

pufa	
puha	copra
ūfi	
ūhi	yam
tufa'a	
tuha'a	share

When a word manifesting this phenomenon is used in the text of this book, the more common variant only is given.

2. Vowels

There are five vowels in Tahitian, as follows:
    a e i o u
Their approximate English and French equivalents are:
- *a*, phonetically [a], as in butter, or French *patte*, paw;
- *e*, phonetically [e], as in French, *été*, summer;
- *i*, phonetically [i], as in French *ville*, city,* and not unlike that in team, but shorter;
- *o*, phonetically [o], as in French *eau*, water, or Scottish go, but shorter;
- *u*, phonetically [u], as in French *cou*, neck, or English foot; in other words, this is a *u* sound made with strong lip rounding.

3. Vowel Length

In Tahitian there is a second series of vowels, which are long vowels corresponding to those in §2. They are the same in quality as those above, but are pronounced as if they were a double vowel.†
These vowels are:
- *ā*, phonetically [aː], as in father, or French *pâté*, pie;
- *ē*, phonetically [eː], as in *été*, summer, but longer;
- *ī*, phonetically [iː], as in machine, but longer;
- *ō*, phonetically [oː], as in go, or French *pôle*, pole;
- *ū*, phonetically [uː], as in moo, or French *cou*, neck, but longer.

The long vowel will always be marked by a stroke over the vowel, as

---

* Note that *rahi* (big), *'inanahi* (yesterday), and *'ananahi* (tomorrow) are often pronounced *rahai*, *'inanahai*, and *'ananahai* respectively.

† In §§ 7 and 8, on the syllable and stress, a long vowel is regarded as a sequence of two identical vowels.

above, throughout the lessons that follow. Numerous pairs of words are distinguished solely by the length of the vowel. Short vowels are pronounced very short when they form a minimal contrast with a word containing a long vowel, but not otherwise, as in the following selection of examples:

parau	to speak	pārau	pearl-shell
matau	hook	mātau	to know
marō	dry	māro	to be stubborn
nana	herd	nāna	for him
mati	match	māti	March
fefe	twisted	fēfē	a boil
pepe	butterfly	pēpē	to wound
'i	by, at	'ī	full
'api	page	'apī	new
poro	corner	pōro	a marble
maro	royal belt	marō	dry
pupu	group	pūpū	sea-shell
tutu	kind of tree	tūtū	a cook
'ua	past tense marker	ūa	rain

4. Vowel Sequences

Sequences of two vowels are common in Tahitian (sometimes more than two), as follows;

ā	ae	ai	ao	au
ea	ē	ei	eo	eu
ia	ie	ī	io	iu
oa	oe	oi	ō	ou
ua	ue	ui	uo	ū

With sequences of vowels, normally each vowel of the sequence is distinctly pronounced.*

Examples of vowel sequences:

    tāpū, to cut; *haere*, to go; *vai*, to be; *āo*, world, day; *parau*, to speak;

    mea, thing; *'ē*, different; *hei*, garland; *reo*, language; *pareu*, sarong;

    'ia, when; *'ohie*, easy; *'ī*, full; *hio*, to whistle; *fiu*, weary;

    hoa, friend; *hoe*, to paddle; *hopoi*, to carry; *pōro*, marble; *hou*, before;

* However, *ai*, *au*, *ae*, and *oi* tend to become diphthongised.

pua'a, pig; *ueue*, to shake; *nui*, immense; *'uo'ou*, clean; *pūpū*, seashell.

Sequences of two consonants are not found in Tahitian.

5. Glottal Stop

This sound, marked ' throughout the text, is of prime importance in the pronunciation of the Tahitian language. It consists of blocking the air-stream with the glottis. It is similar to the sound heard, for example, in the cockney pronunciation of the word "butter", where the "tt" is not sounded, but replaced by a glottal stop, thus "bu'er". In American English, a glottal stop also occurs often in words such as "cotton", which becomes "co'n".* Some Tahitian examples:

pua'a	pig	*i'oa*	name
'apo'o	hole	*ha'ari*	coconut

6. Words Beginning with a Vowel

Particular attention should be paid to words beginning with a vowel in Tahitian, as there are four possible pronunciations of the initial vowel, as follows:

(i) The vowel may be short and preceded by a glottal stop, as in:
'oe — you
'umara — sweet potato
'uri — dog
'amu — eat

(ii) The vowel may be long and preceded by a glottal stop, as in:
'āu — to swim
'ia — to steal

(iii) The vowel may be short, not preceded by a glottal stop, as in:
au — I, me
atua — God

(iv) The vowel may be long, not preceded by a glottal stop, as in:
āo — world, day
āu — nice, good

When the initial vowel is long, but not preceded by a glottal stop, it is lightly pharyngealised (pronounced with a rough breathing). When this vowel is followed immediately by a glottal stop, the rough breathing becomes very strong, as in:
ī'a — fish

---

* The Tahitian glottal stop differs somewhat from the cockney one in that the blockage of the air-stream is often incomplete, especially between identical vowels, producing what could be called a "glottal croak" or glottal tremulant.

ā'o to preach
ō'e famine

Several sets of words in Tahitian are distinguished solely by the manner of articulation of the initial vowel. A selection of examples follows:

'au	to chew	'oe	you singular
'āu	to swim	ō'e	famine
āu	nice, good	'o'e	sword
ā'u	to hunt	ōe	bell
au	I, me		
		'ua	past tense marker
'ata	to laugh	'u'ā	to flower
āta	cloud	'ū'a	kind of crab
'atā	difficult	ūa	rain
'oi	sharp, pointed	'a'o	the fat of a fish
ōi	to mix	ā'o	to preach
'o'i	to sprain	āo	world, day
oi	to almost do something	'ori	to dance
		ōri haere	to go for a walk

7. The Syllable

The syllable in Tahitian consists of $\pm$ C + N, where C equals a consonant or glottal stop, and N equals either a short vowel, a long vowel (i.e. two identical vowels), or a sequence of two different vowels. $\pm$ indicates that the consonant is optional, while + indicates that the vowel or sequence is obligatory in the syllable. Where a sequence of three vowels occurs, the first two should be taken as one syllable, except when the second vowel is long.

Examples:

pō-ti-'i	girl
ta-mai-ti	boy
ta-'a-ta	person
'oi-a	he, she
'o-tā-ne	male (fish, tree)
ma-nu	bird

8. Stress

In Tahitian, the primary stress is not nearly so heavy as in English in many words, and at times it appears that no particular syllable bears the primary stress. However, there are four stress rules which are in evidence:

(i) In words containing either a sequence of different vowels or a long vowel, the stress falls on the first vowel of the sequence, or on the long vowel.

Examples:
tíare	flower
ráiti	rice
tía'a̗	shoe
pahí	ship
tamái̗ti	boy
tamā̗hine	daughter

(ii) With words containing two such sequences (i.e. sequences of different or same vowels, that is, long vowels), then the stress falls on the first of the sequences in the word.

Examples:
féiā̗	group
tamā̗roa	boy
farā́oa	bread

(iii) With words not containing long vowels or sequences of vowels, the stress falls on the penultimate syllable.

Examples:
fáre	house
má'o	shark
ta'áta	person
'ohípa	work

(iv) With compound words, usually polysyllabic, each part of the compound takes its own stress.

Examples:
púa'a-ního	goat
púa'a-hóro-fenúa	horse

9. Elision

When a word ends in the same vowel as the initial vowel of the following word, the identical vowels form a sequence (i.e. a long vowel). For example, *'ia a'ahiāta* (when it is dawn) is pronounced as if it were *'iā' ahiāta*.

In some Tahitian orthographies, this process has been called elision and marked with an apostrophe, but in this work such elisions will not be marked as they are quite regular.

PRONUNCIATION

When a short vowel and a long vowel come together in different words, the short vowel is elided; thus *noa ātu* (unless) becomes *noātu*.

10. Some Common and Useful Phrases

Some useful phrases and common idioms in Tahitian are as follows:

'Ia ora na.	Hello. Greetings. Good morning.
'Ia ora na 'oe!	Hi there!
A haere mai!	Come here!
Haere mai.	Welcome.
Parahi.	Good-bye.
Ara'uā'e.	See you later.
'E aha te huru?	How are you?
'E aha tō 'oe huru?	How are you?
Maita'i roa.	Very good.
Manava, maeva!	Welcome (to dignitaries).
Manuia!	Cheers! Good luck!
'E hoa!	Friend!
'E homā!	Friends!
'E.	Yes.
'Aita.	No.
Atira.	That's enough.
'E āra!	Be careful!
Nō te aha?	Why?
'Eiaha 'e rū!	There's no hurry; wait!
'E rū!	Wait a minute!
'Aita 'e pe'ape'a.	It doesn't matter.
'O vai tēra?	Who is that?
Māmū!	Be quiet! Silence!
Maniania!	Stop the noise!
A haere ātu!	Go away!
Fa'ātea!	Scram!
'E aha?	What?
'Ehia moni?	How much is this?
'E mea māmā.	It is cheap.
'Aita tā'u 'e moni.	I have no money.
Tei hea te hotera?	Where is the hotel?
Tei hea te fare rata?	Where is the Post Office?
'I teie nei mahāna*	Today.
'Inanahi; 'ananahi	Yesterday, tomorrow.
Maurūru 'ia 'oe.	Thank you.

---

* Throughout this book the second vowel of *mahāna* has been marked long. Many speakers, however, pronounce the vowel short in this word.

Lesson 2

THE ARTICLES

Vocabulary:

te manu	the bird	te pua'a	the pig
te 'ava'ava	the cigarette	te vahie	the wood
te fare	the house	te taro	the taro
na metua	the parents	te mai'a	the banana
te 'uri	the dog	te vi	the mango
te pape	the water	te mamoe	the sheep
te ī'a	the fish	te feti'i	the family
te mā'a	the food	te ari'i	the king
te 'uru	the breadfruit	te moa	the fowl
te tiare	the flower	te 'i'ita	the pawpaw
te fē'i	the red banana	te ūpo'o	the head
te ha'ari	the coconut	te farāoa	the bread
te fa'a'apu	the plantation	te raiti	the rice
te pāha	the wild boar	te moni	the money
te reo	the language	te farāne	the franc
te pahī	the steamer	hanere	hundred
te poti	the boat	hitu	seven
te hoa	the friend	pae	five
te maeha'a	the twin	toru	three
te tia'a	the shoe	maita'i	good
te tamāroa	the boy	'ite	to see
te tamari'i	the child	reva	to leave
te ta'ata	the person	na rima	the hands
te parahira'a	the chair		

The articles in Tahitian will be explained in three sections, general articles, the dual, and special articles.

11. General Articles

TABLE OF ARTICLES

	Singular	Plural	Dual
Definite	te	te mau	tau na
Indefinite	te hō'e	te mau, te hō'e mau	nau na
	te tahi	{ te tahi mau / vetahi mau }	
Stative	'o		
	'e		

Te. The article *te* is the definite article, meaning "the". In conversation it is also used as an indefinite article, meaning "a, an". Examples:

te fare	the house
te ta'ata	the man
te 'uru	the breadfruit

Te mau. The plural of *te* is *te mau.* Thus we have:

te mau fare	the houses
te mau ta'ata	the men
te mau 'uri	the dogs

(No plural sign is added to the noun itself.) Note that *te* alone may be used to indicate a plural if the idea of plurality is not stressed, for example:

| te ta'ata | the people |

Te hō'e. The indefinite article, meaning "a, an", is indicated by *te hō'e*, thus:

| te hō'e pahī | a ship |
| te hō'e fare | a house |

Te hō'e mau. A limited plural is indicated by *te hō'e mau.* Example:

| te hō'e mau tamari'i | some children |

Compare this with the unrestricted plural: *te mau tamari'i* children, the children.

Te tahi. This article is commonly used in a very general sense, and means "a, another, a different one". Thus:

| te tahi fare | another house |
| te tahi ta'ata | another man |

Te tahi mau. The plural of *te tahi* is *te tahi mau*, or optionally *vetahi mau*. Thus:

    te tahi mau fare
    vetahi mau fare   the other houses

'O. The article *'o* has three functions:

(i) It is a kind of demonstrative article, meaning "it is", with proper nouns and pronouns. Thus:

'o Tahiti	it is Tahiti
'o Teri'i	it is Terii
'o vau	it is I
'o rātou	it is they

(ii) It is also used with proper nouns used as subject. Thus:
    'ua reva ātu 'o Peu   Peu left

(iii) *'O* is also used as kind of emphatic pronoun marker with *'oe* (= you sing.), but not with other pronouns. Example:
    'e ta'ata maita'i 'o 'oe   you are a good man

For explanation of this sentence structure, see §73.

'E. This article has two functions:

(i) *'E* corresponds to *'o* and is used with all common nouns with the same demonstrative force. Thus:

	'e ta'ata	it is a person
	'e vahine	it is a woman
	'e mau vahine	they are women
But:	*'o te ta'ata*	it is the man
	'o te vahine	it is the woman

(ii) *'E* is also a vocative, used when addressing people; the person addressed may also be followed by *ē* when further emphasis is sought. Examples:

'E Teri'i tāne!	Oh! Mr Terii!
'E hoa!	Friend!
'E Teri'i ē!	Oh! Terii!

12. The Dual

In Tahitian, unlike most European languages, there exists a series of articles used to indicate duality, such as two birds, two men, the hands, the feet. The dual is also used to indicate a restricted plural, up to five or six and certainly no more than ten.

The three dual articles used in conversational Tahitian are:

    na, nau, tau na.

THE ARTICLES

Na. This article is used in two ways:
(i) It is the article used with two persons or objects which are normally found in pairs. Thus:

na rima	the hands
na metua	the parents
na ta'ata	the men

(ii) It is also used with numbers up to ten, with reference to persons, if the actual number is specified. Thus:

'ua 'ite au 'i na ta'ata to'ohitu   I saw seven men

However, *na* may be used without restriction of number when the subjects may be considered to form a group. Examples:

na moni 'e pae hanere farāne. The sum of five hundred francs
'ua 'ite au 'i na ta'ata 'e toru hanere   I saw three hundred men

The usage of the numerals themselves is discussed in §16.

Nau. This article is used under the same conditions as for *na*, when the subject in question is near the speaker, and sets up an opposition with *tau na*. Thus:

nau tamari'i	the youths
nau fare	the houses
nau manu	the birds
a hi'o na 'i tēra nau tia'a	look at these shoes
nau moni 'e pae hanere farāne	500 francs

Tau na. One uses this article normally when the subject is not near the speaker. Thus:

('e) tau na ta'ata	the men
('e) tau na feti'a	the stars
tau na tumu 'anani	the orange trees
tau na fa'a'apu taro	the taro fields
tau na maeha'a	the twins

13. Special Articles

(a) Indication of Sex. In Tahitian, gender is not indicated with nouns, as it is in European languages. A number of words exist to specify sex where required, as follows:

Tāne and *Vahine*. *Tāne* is used with kinship terms* and proper nouns denoting human beings to indicate the masculine; *vahine* is used to indicate the feminine. These correspond to the English Mr and Mrs. Examples:

Teri'i tāne	Mr Terii
Teri'i vahine	Mrs Terii

* The full list of kinship terms is given in §146.

te metua tāne	the father
te metua vahine	the mother

'Otāne and *'ovahine*. These indicate masculine and feminine with reference to trees or plants, fish, and shellfish, but only when there is a reason to specify the sex. Thus:

'i'ita 'otāne	male pawpaw
'i'ita 'ovahine	female pawpaw

Ōni and *ufa*. These indicate masculine and feminine respectively, with reference to animals. Thus:

moa ōni	a rooster
moa ufa	a hen
'uri ōni	a dog
'uri ufa	a bitch

Pa'e and *maia'a*. These two terms are also applied to animals to indicate male and female, but are used to indicate that they are adult animals capable of reproduction or having already reproduced. Thus:

te pua'a pa'e	the boar
te pua'a maia'a	the sow

(b) The Young of Animals. *Fanau'a* and *pinia*. *Fanau'a* is used to indicate the young of any animal except a sheep, where *pinia* is used. Thus:

te pua'a fanau'a	the piglet
te 'uri fanau'a	the puppy
But: *te pinia mamoe*	the lamb

(c) Quantity. In Tahitian there is a series of words indicating a group, and as these occur frequently in conversation they will be explained immediately.

Hui is used respectfully of a group of esteemed people. Thus:

te hui mana	the authorities
te hui ari'i	the royal family
te hui ra'atira	the population

Mā follows the noun and indicates a family group. Examples:

Teri'i mā	the Teriis
Peu mā	the Peu family

Nana indicates a flock or herd. Thus:

te hō'e nana i'a	a shoal of fish
te hō'e nana mamoe	a flock of sheep

THE ARTICLES

Taura indicates a race or breed of men or animals. Thus:
    te hō'e taura 'uri   a breed of dogs
    te hō'e taura ta'ata   a race of men

Ruru indicates a bundle or collection of something which is tied with a rope or liana. Thus:
    te ruru vahie   the bundle of wood
    te ruru mā'a   the bundle of food

'Amui indicates a bundle of goods, tied, but containing all the same articles in the one bundle. Thus:
    te 'amui taro   the package of taros
    te 'amui 'uru   the package of breadfruit

'Atā is used almost synonymously with *ruru*. Example:
    te 'atā 'uru   the collection of breadfruit

Pe'etā indicates a bunch still attached to a branch. Thus:
    te pe'etā 'uru   the bunch of breadfruit
    te pe'etā ha'ari   the bunch of coconuts

Atari indicates a bunch of fruit picked from the tree. Examples:
    te atari fē'i   the bunch of red bananas
    te atari mai'a   the bunch of bananas

Pupā indicates a bunch, usually of smaller fruits. Thus:
    te pupā vine   the bunch of grapes
    te pupā vi   the bunch of mangoes

Pu'e indicates a collection of men, animals, or foods. Thus:
    te pu'e ta'ata   the troop of men
    te pu'e i'a   the collection (catch) of fish
    te pu'e tiare   the heap of flowers

Feiā indicates an ensemble, an entire group of people engaged in some activity. Thus:
    te feiā fa'a'apu   the farmers
    te feiā tai'a   the fishermen
    te feiā rātere   the tourists

Ma'a indicates a small quantity when applied especially to food. Thus:
    ma'a raiti   a little rice
    ma'a farāoa   a little bread
    ma'a pape   a little water

14. Exercise

(a) Translate into English:
1. *Te fare.* 2. *Te mau ta'ata.* 3. *Te hō'e 'uri.* 4. *Te tahi ta'ata.* 5. *Na rima.* 6. *Tau na ta'ata.* 7. *'E nau fare.* 8. *Peu tāne.* 9. *Te 'uri ufa.* 10. *Te pua'a ōni.* 11. *Te 'uri maia'a.* 12. *Te moa ōni.* 13. *Te 'i'ita 'ovahine.* 14. *Te tahi mau fare.* 15. *Teri'i vahine.* 16. *Te taura 'uri.* 17. *Te hō'e nana i'a.* 18. *Te ruru mā'a.* 19. *Te 'atā 'uru.* 20. *Te pupā tiare.* 21. *Peu mā.* 22. *Te pu'e ta'ata.* 23. *Te pupā vi.* 24. *Te pe'etā ha'ari.* 25. *Te 'amui 'uru.*

(b) Translate into Tahitian:
1. The man. 2. The men. 3. A dog. 4. The parents. 5. The hands. 6. A few men. 7. Two chairs. 8. Mr Terii. 9. The bitch. 10. The sow. 11. The puppy. 12. The lamb. 13. The dogs (male). 14. The hen. 15. The two hens. 16. A flock of sheep. 17. A group of girls. 18. A pack of dogs. 19. A bunch of bananas. 20. A bundle of wood. 21. A bunch of flowers. 22. The authorities. 23. The fishermen. 24. The Peu family. 25. A bunch of mangoes.

Lesson 3

NUMERALS AND TIME

Vocabulary:

pohe	to die	ho'i	to return
ma'i	to be sick	tai'a	to fish
'ehia?	how many?	te hepetoma	the week
to'ohia?	how many?	te 'ava'e	the month, moon
'i roto	in, inside	te matahiti	the year
te piha	the room	te hora	the time, hour
roa'a	to catch, obtain	te miniti	the minute
te pō	the night	te va'a	the canoe
haere	to go	te pōti'i	the girl

15. Cardinal Numbers

The cardinal numbers in Tahitian are as follows:

1 hō'e, tahi
2 piti
3 toru
4 maha
5 pae
6 ōno
7 hitu
8 va'u
9 iva
10 hō'e 'ahuru
11 hō'e 'ahuru ma hō'e
12 hō'e 'ahuru ma piti
13 hō'e 'ahuru ma toru
14 hō'e 'ahuru ma maha
15 hō'e 'ahuru ma pae
16 hō'e 'ahuru ma ōno
17 hō'e 'ahuru ma hitu
18 hō'e 'ahuru ma va'u
19 hō'e 'ahuru ma iva
20 piti 'ahuru
21 piti 'ahuru ma hō'e
30 toru 'ahuru
40 maha 'ahuru
50 pae 'ahuru
60 ōno 'ahuru
100 hō'e hanere
101 hō'e hanere ma hō'e
1000 hō'e tauatini

Tauatini may also indicate multitudes. Example:
    'ua tauatini e 'ua tauatini te ta'ata
  there were thousands and thousands of people

16. Usage of Numerals

The usage of the numerals will be discussed in enumerations; as subject; and as object.

(a) Enumerations. In enumerations of persons and objects alike, the particle *'e* precedes the numeral in all instances, except for numerals between ten and nineteen, as follows:

'e piti ta'ata	there are two persons
'e hitu va'a	there are seven canoes
'e toru 'ahuru va'a	there are thirty canoes
'e toru 'ahuru ta'ata	there are thirty persons
But: *hō'e 'ahuru ma hitu va'a*	there are seventeen canoes
hō'e 'ahuru ma hitu ta'ata	there are seventeen persons

With numbers less than ten, the restricted plural or dual articles, *tau na, na,* and *nau,* are frequently used, as in:

'e piti tau na ta'ata	there are two persons
'e hitu na va'a	there are seven canoes
'e hitu tau na va'a	there are seven canoes
Or: *'e na va'a 'e hitu*	there are seven canoes
'e na ta'ata 'e maha	there are four persons

These enumerations are most frequently used in response to the question, "how many?", rendered in Tahitian by *to'ohia?* or *'ehia?*

To'ohia? is used formally to ask how many, of persons. If this interrogative is used, then *to'o-* must precede the numeral in the reply, if the number is less than ten, as in:

To'ohia ta'ata 'i roto 'i tēra piha?
How many persons are in that room?
To'omaha.
Four.

If the number is greater than ten, then the rules explained above apply.

'Ehia? is used formally to ask how many, of things.
In conversational Tahitian, however, *'ehia?* is used of persons and things alike. Thus:

'Ehia ta'ata 'i roto 'i teie piha?
How many persons are in this room?
'E pae [hō'e 'ahuru ma hō'e, 'e toru 'ahuru].
Five [eleven, thirty].
'Ehia i'a tā 'oe 'i roa'a 'inanahi?
How many fish did you catch yesterday?
'E pae [hō'e 'ahuru ma hō'e, 'e toru 'ahuru].
Five [eleven, thirty].

(b) As Subject. When the subject of the sentence is qualified by a numeral, the numeral may either precede or follow the noun to which it refers. Examples:

'Ua ho'i mai 'e toru tau na ta'ata.
Three people came back.
'Ua ho'i mai 'e pae hanere ta'ata.
Five hundred men came back.
'Ua ho'i mai tā'u 'e toru na 'uri.
My three dogs came back.
Or: *'Ua ho'i mai na ta'ata 'e toru.*
Three people came back.
'Ua ho'i mai tā'u na 'uri 'e toru.
My three dogs came back.

(c) As Object. When the object of the verb is qualified by a numeral, the numeral is preceded by the particle *'e*, as above, with the exception of numbers from ten to nineteen. Examples:
'Ua 'ite au 'i na ta'ata 'e toru.
I saw three persons.
'Ua 'ite au 'i na ta'ata hō'e 'ahuru ma hitu.
I saw seventeen persons.
'Ua 'ite au 'i na ta'ata 'e pae hanere.
I saw five hundred men.

17. Ordinal Numbers

a tahi	first	*a maha*	fourth
a piti	second	*a pae*	fifth
a toru	third		

A may be replaced by *te* with all numerals except *tahi* without any change in meaning. Thus:

te piti	second	*te toru*	third
matamua	the first	*te maha ō'*	the fourth
te piti 'ō	the second	*te pae ō'*	the fifth
te toru 'ō	the third		

The second, third, etc., thing is conveyed in Tahitian by *te* plus numeral, followed by *'ō* plus the noun in question, with the exception of "the first", which is rendered by *matamua* following the noun. Examples:
Te toru 'ō te pō 'ua ho'i mai vau.
The third night I returned.
Te piti 'ō te pō 'ua haere vau 'e taī'a.
The second night I went fishing.
Te pō matamua 'ua haere vau 'e taī'a.
The first night I went fishing.

The number of times an action is performed is indicated by the cardinal number preceded by *ta'i-*. Thus:
    ta'ipiti   twice

ta'itoru	three times		
ta'imaha	four times		

Tāta'i- preceding the numeral indicates that the number is squared. Thus:

tāta'itoru	3 × 3
tāta'imaha	4 × 4
tāta'ipae	5 × 5

18. Days of the Week

Monire	Monday	*Māhana Mā'a*	Saturday
Mahāna Piti	Tuesday	*Tapati*	Sunday
Mahāna Toru	Wednesday	*te hepetoma*	the week
Mahāna Maha	Thursday	*'i te hepetoma 'i mua*	next week
Faraire	Friday	*'i te hepetoma 'i ma'iri ā'e nei*	last week
Mahāna Pae		*'i teie hepetoma*	this week

19. Months of the Year

Tenuare	January	*Tiurai*	July
Fepuare	February	*Atete*	August
Māti	March	*Tetepa*	September
Eperera	April	*Atopa*	October
Mē	May	*Novema*	November
Tiunu	June	*Titema*	December

te 'ava'e	the month
'i te 'ava'e 'i mua	next month
'i te 'ava'e 'i ma'iri ā'e nei	last month
te piti nō Atete	August 2
te maha nō Mē	May 4
te pae nō Māti	March 5
te matahiti	the year
'i te matahiti 'i mua	next year
'i te matahiti 'i ma'iri ā'e nei	last year
te piti nō Māti 'i te matahiti 1968	March 2 1968

20. Telling the Time

'E aha te hora?	What is the time?
Hora ha?	
'Ua hora piti	It has become two o'clock.
'E hora piti	It is two o'clock.
'E hora 'ahuru ma hō'e.	It is eleven o'clock.

NUMERALS AND TIME

'*Ua* and '*e* may be used one for the other in conversational Tahitian.

'*Ua hora hitu e te āfa*.   It is half-past seven.
'*E hora piti e te āfa*.   It is half-past two.

Minutes to the Hour. There are two methods of indicating minutes to the hour.
  (i) '*E hitu miniti toe 'e hora piti ai*.   It is 1.53.
      '*E piti miniti toe 'e hora pae ai*.   It is 4.58.
  (ii) '*E hitu miniti toe 'e tae ātu ai 'i te hora piti*.   It is 1.53.
      '*E piti miniti toe 'e tae ātu ai 'i te hora pae*.   It is 4.58.

The first method is more frequent in conversation, the second being more formal.

Minutes past the Hour. In the same way, there are two methods of indicating minutes past the hour.
  (i) '*E hora piti ma'iri hō'e 'ahuru miniti*.   It is 2.10.
      '*E hora pae ma'iri 'e piti miniti*.   It is 5.02.
  (ii) '*E hō'e 'ahuru miniti 'i ma'iri nō te hora piti*.   It is 2.10.
      '*E piti miniti 'i ma'iri nō te hora pae*.   It is 5.02.

21. Temporal Expressions

'*i teie nei mahāna*	today
'*ananahi*	tomorrow
'*inanahi*	yesterday
'*inanahi ātu*	the day before yesterday
'*ananahi ātu*	the day after tomorrow
'*i teie po'ipo'i*	this morning
'*i napō*	last night
'*ananahi 'ia pō*	tomorrow night
a napō	tomorrow night
te pō	night, evening

22. Exercise

(a) Translate into English:
1. '*E toru tau na ta'ata*. 2. *Na 'uri 'e toru*. 3. '*E toru na ī'a*. 4. '*E piti 'ahuru ta'ata*. 5. '*E na ta'ata to'opiti*. 6. *Te pae 'ō te pō*. 7. '*Ehia ī'a tēra*? 8. '*E ōno*. 9. '*Te ōno 'ō te mau pōti'i*. 10. '*Ua hora 'ahuru ma piti*. 11. '*E hora toru ma'iri hō'e 'ahuru miniti*. 12. '*E hora hitu e te āfa*. 13. *Te ōno nō Māti*. 14. '*E piti miniti toe 'e hora pae ai*. 15. '*I te hepetoma 'i mua*.

(b) Translate into Tahitian:
1. Three men. 2. Four dogs. 3. How many men are there? 4. There are two men. 5. The sixth night. 6. It is half-past two. 7. It is six minutes to three. 8. It is nine minutes past four. 9. Twenty-six men. 10. The fourth of December. 11. The eleventh of May. 12. Next year. 13. The first of April. 14. Ten minutes to six. 15. Sixty coconuts.

Lesson 4

THE ADJECTIVE

Vocabulary:

nehenehe	beautiful	ta'ato'a	all
purotu	handsome	pauroa	all
roa	long	āna'e	alone, together
poto	short	te pōti'i	the girl
'ino	bad	te mea	the thing
maita'i	good	te puai	the strength
rahi	big	te ari'i	the king
'ite	wise	te ari'i vahine	the queen
iti	small	te maramarama	the intelligence
āu	lovely	te vitiviti	the skill
haviti	beautiful	te va'a	the outrigger canoe
marū	calm, gentle, soft	te tino	the body
no'ano'a	perfumed	te reo	the voice, language
'ato'a	all	te rouru	the hair (head)
pa'ato'a	all		

23. Normal Modifiers

The adjective always follows the noun that it qualifies. Examples:
    te hō'e fare nehenehe   a beautiful house
    te pōti'i purotu   the beautiful girl
    te mau pōti'i purotu   the beautiful girls

When a numeral and an adjective occur describing the same noun, the adjective normally precedes the numeral. Thus:
    te mau pōti'i purotu 'e iva   the nine beautiful girls

In an enumeration, the numeral precedes the noun. Thus:
    'e iva mau pōti'i purotu   there are nine beautiful girls

When two adjectives modify the same noun, the second adjective normally becomes a noun, and is joined to the first by *e*. Examples:
    tō 'oe rouru roa e te haviti   your beautiful long hair
    te tiare no'ano'a e te haviti   the beautiful fragrant flower

THE ADJECTIVE

However, if the first adjective is either *rahi*, "big", or *iti*, "small", then the second adjective follows the first without any conjunction. Thus:

    tō 'oe reo iti marū   your sweet little voice

24. Changing Modifiers

A few adjectives in Tahitian take reduplicative forms in the dual and plural, as follows:

Singular	Dual	Plural
roa (long)	*roroa*	*roaroa*
poto (short)	*popoto*	*potopoto*
'ino (bad)	*'i'ino*	*'i'ino*
maita'i (good)	*maita'i*	*maitata'i*
rahi (big)	*rahi*	*rarahi*

(Note that *maita'i* and *rahi* do not take a reduplicative form in the the dual.) Examples:

    te ta'ata 'ino   the bad man
    te mau ta'ata 'i'ino   the bad men

Roaroa and *potopoto* are also used as emphatic forms, meaning "very long" and "very short".

25. The Comparative and Superlative

Rahi translates the English "very". Thus:
    te hō'e ta'ata 'ite rahi   a very wise man

Roa also translates "very", and is more widely used than *rahi*. Thus:
    te 'uri maita'i roa   the very good dog

$\bar{A}$*'e* is used to convey the comparative degree. Thus:
    te ta'ata poto   the short man
    te ta'ata poto ā'e   the shorter man
    te ta'ata poto roa ā'e   the shortest man

When a comparison with another person or object is made, the following three constructions are used:

(i)   *'e mea* $\begin{bmatrix} rahi \\ iti \end{bmatrix}$ *ā'e . . . 'i*

Examples:
    'E mea rahi ā'e te pahī 'i te poti.
    The steamer is bigger than the boat.
    'E mea rahi ā'e vau 'ia 'oe.
    I am bigger than you.
    'E mea iti ā'e tā'u moni 'i tā 'oe.
    My money is less than yours.

Note that *iti* translates "less", and does not apply to physical size in comparisons. When "smaller in stature" is meant, then *hu'a* replaces *iti*, as in:
'E mea hu'a ā'e 'o Moana 'ia 'oe.
Moana is smaller than you.

(ii) 'e $\begin{bmatrix} rahi \\ iti \end{bmatrix}$ ... 'i

Example:
'E rahi tō'u 'ite 'i tō 'oe.
My knowledge is greater than yours.

(iii) $\begin{bmatrix} 'e \\ 'ua \end{bmatrix}$ hau ... 'i

Example:
'E hau tō 'oe puai 'i tō'u.
You are stronger than me.

26. Equality

When sameness is expressed, there are three possible constructions:

(i)   'ua faito noa ... 'i (it is equal)

Example:
'Ua faito noa te rahi 'ō te hapaina hinano 'i te hapaina manuia.
The Hinano glass is the same size as the Manuia glass.

(ii) hō'e ā ... e (it is one, same)

Example:
Hō'e ā tō te ari'i maramarama e tō te ari'i vahine.
The king is as intelligent as the queen.
(Lit. is one the king's intelligence and the queen's)

(iii) 'e āu ... 'i

Example:
'E āu tō te tamaiti vitiviti 'i tō te metua tāne.
The son is as skilful as the father.
(Lit. is equal the son's skill to that of the father)

A parallel construction, 'e āu ... mai, is used to translate "like, as".
Example:
'E āu 'oe mai te mimi.
You are like a cat.

THE ADJECTIVE

27. All, Every

In Tahitian there are four words corresponding to "all", which are used in the following three ways:
(i) *'Ato'a* is placed directly after noun. Examples:
   te mau ta'ata 'ato'a   all the men
   te mau mea 'ato'a   all the things
However, if *'ato'a* precedes the noun, it takes on the same meaning as when it follows the verb, namely "also". Example:
   'e tanā 'ato'a afata tauiha'a   and also his parcel
(ii) *Pa'ato'a* and *ta'ato'a* signify "all together", and may follow either the verb or the noun. Examples:
   te mau ta'ata pa'ato'a   all the men
   te haere pa'ato'a ātura rātou they all went
   te mau 'uri ta'ato'a   all the dogs
Pa'ato'a is normally used with animate subjects, while *ta'ato'a* is used with either animate or inanimate subjects.
(iii) *Pauroa* is almost synonymous with *pa'ato'a* and *ta'ato'a*, but with stronger emphasis on "together". Example:
   'I te reira taime 'e horo pauroa te i'a 'i roto 'i te 'aua.
   Then all the fish rush into the enclosure.

28. Āna'e

When *āna'e* follows the noun or pronoun, it is a modifier signifying "alone, only". Examples:
   'oia āna'e   he alone
   tātou āna'e   we (pl.) alone
When *āna'e* follows the verb, it has an adverbial function, signifying "together". Example:
   'E haere āna'e tātou!   Let us all go together!

29. Exercise

(a) Translate into English:
1. *Na rima nehenehe.* 2. *Te mau 'uri nehenehe.* 3. *Te mau va'a roaroa.* 4. *Te 'uri maita'i roa.* 5. *'E piti 'uri maita'i.* 6. *'E hitu mau fare haviti.* 7. *Te ta'ata poto ā'e.* 8. *Te mau ta'ata 'i'ino.* 9. *'E mea rahi ā'e te pua'a 'i te 'uri.* 10. *'E mea hu'a ā'e te fare 'ō Peu 'i tō 'oe.*

(b) Translate into Tahitian:
1. The beautiful house. 2. The beautiful houses. 3. The good dog. 4. There are a few long outrigger canoes. 5. The best dog. 6. The very good dog. 7. There are eight bad men. 8. The dog is as big as the pig. 9. The dog is smaller than the pig. 10. The pig is bigger than the dog.

Lesson 5

THE DEMONSTRATIVE

In Tahitian there are four principal demonstrative words, *teie*, *tēna*, *tēra* and *taua . . . ra*. These normally precede the word they modify, with the exception of the special demonstrative sentence, which will be explained later.

30. *Teie*, this (near the speaker, in space and time). Examples:
teie fare	this house
teie ta'ata	this man
teie fare nehenehe	this beautiful house

In the plural:
teie mau fare	these houses
teie mau ta'ata	these men
teie na rima	these hands
teie mau ta'ata maitata'i 'e ōno	these six good men

31. *Tēna*, that (near the person addressed, in space and time). Examples:
tēna ta'ata	that man
tēna mau ta'ata 'i'ino	those bad men
tēna pōti'i nehenehe	that beautiful girl

It should be noted that *teie* may become *eie*, and *tēna* become *ēna*, but only in the plural. These forms, however, are not very current in conversational Tahitian.

32. *Tēra*, that (not near the speakers, in space and time). Examples:
tēra ta'ata 'ino	that bad man
tēra mau 'uri	those dogs
tēra tau na ta'ata	those men (few)
tēra vahine	that woman

33. *Taua . . . ra*, used with approximately the same meaning as *tēra*. Examples:
taua pōti'i ra	that girl
taua mau pōti'i ra	those girls

THE DEMONSTRATIVE

34. *Te reira,* renders "that which has been already mentioned in the conversation or previously referred to". Examples:

'i te reira taime   at that time
'i te reira fa'a   in that valley

35. Exercise

(a) Translate into English:
1. *Teie 'uri maita'i roa.* 2. *Tēra ta'ata poto.* 3. *Tēna fare nehenehe.* 4. *Tēra mau pōti'i haviti.* 5. *Teie pōti'i haviti.* 6. *Tēra ta'ata 'ino.* 7. *Tēra tau na ta'ata 'i'ino.* 8. *Taua mau 'uri ra.* 9. *Taua 'uri ra.* 10. *Teie ta'ata poto ā'e.*

(b) Translate into Tahitian:
1. This beautiful house. 2. These beautiful dogs. 3. These lovely hands. 4. That big dog. 5. Those long outriggers. 6. These few big men. 7. This small boy. 8. Those four good dogs. 9. That small cat. 10. Those beautiful girls.

Lesson 6

POSSESSION

Vocabulary:

te hoa	the friend	te 'ahu	the dress, clothes
te 'upe'a	the net	te pōti'i	the girl
te hape	the mistake	te tia'a	the shoes
te feti'a	the star	te tipi	the knife
te ra'i	the sky	te vi	the mango
te 'apo'o	the hole	te 'avae	the leg
te 'iore	the rat	te afata	the box
te 'ohipa	the work	te ro'i	the bed
te tāmuta fare	the carpenter	te puta	the book
te tumu rā'au	the tree	te rata	the letter
te 'ama'a	the branch	te uāti	the watch
te fa'a'apu	the plantation	te 'amura'amā'a	the table
		toro	to extend

36. Possessive Particles

When an item is possessed in Tahitian, it must belong to one of two classes, the first taking *tō*, *'ō*, *nō*, and the second taking *tā*, *'ā*, *nā*. Tahitian, then, has two noun classes for purposes of possession.

Tō, 'ō, nō. This series of possessive particles is used:
(i) when there is an absolute and intimate relationship between possessor and possessed;
(ii) with all parts of the body;
(iii) with anything that forms part of a whole;
(iv) with anything that emanates from an animate or inanimate object;
(v) with anything which shelters or protects or is of great use to someone.

Tā, 'ā, nā. This series is used to mark acquired possession without any idea of intimate or absolute relationship.

37. Pronoun Possessors

tō'u, tā'u	my
tō 'oe, tā 'oe	your

tōna, tāna	his, her
tō māua, tā māua	our (dual exclusive)
tō tāua, tā tāua	our (dl inclusive)
tō 'ōrua, tā 'ōrua	your (dl)
tō rāua, tā rāua	their (dl)
tō mātou, tā mātou	our (pl. exc.)
tō tātou, tā tātou	our (pl. inc.)
tō 'outou, tā 'outou	your (pl.)
tō rātou, tā rātou	their (pl.)

Note: "exclusive" excludes the person addressed; "inclusive" includes the person addressed.

Plural:	tō'u mau,	tā'u mau
	tō 'oe mau,	tā 'oe mau, etc.
Examples:	tō'u ūpo'o	my head
	tō 'oe fare	your house
	tō'u rima	my hand
	tō'u va'a	my outrigger
	tō rātou metua	their parents
	tō 'outou hoa	your friend
	tō 'outou mau hoa	your friends
	tō 'oe mau fare	your houses
	tā'u 'uri	my dog
	tā 'oe 'upe'a	your net
	tō 'oe hape	your mistake
But:	tā'u vahine	my wife
	tā'u parau	my word

Tō 'oe and *tā 'oe*, "your", become *to* when the idea of possession is not stressed. Examples:
    A toro mai na 'i to rima.   Give me your hand.
    Teie to tamāhine.   Here is your daughter.

Ta'u and *tana** may be used instead of *tō'u* and *tōna* when possession is not stressed. Example:
    'Ua toro mai ra 'i tana rima.
    He held out his hand.

38. Common Noun Possessors

With common noun possessors, *'ō, 'ā, nō, nā, tō,* and *tā* are the possessive particles.

---
* Note that the vowels are pronounced short.

There are two possible constructions:

(i)   noun + $\begin{bmatrix} \text{'}\bar{o}, n\bar{o} \\ \text{'}\bar{a}, n\bar{a} \end{bmatrix}$ + possessor

Examples:

te feti'a 'ō te ra'i	the stars of the sky
te 'apo'o 'ō te 'iore	the rat's hole
te 'uri 'ā te tavana	the chief's dog
te 'ohipa 'ā te tāmuta fare	the carpenter's work

Note: *nō, nā* may replace *'ō, 'ā*. Example:
  te feti'a nō te ra'i   the stars of the sky

Nō, nā seem to indicate a deeper sense of possession than *'ō, 'ā*, but many Tahitians employ one for the other without any such distinction.

(ii) $\begin{bmatrix} t\bar{o} \\ t\bar{a} \end{bmatrix}$ + *te* possessor + noun

Examples:

tō te tumu rā'au 'ama'a	the branch of the tree
tō te ra'i feti'a	the stars of the sky
tā te tavana 'uri	the chief's dog
tā te tāmuta fare 'ohipa	the carpenter's work

This construction is more elegant and formal than the first one, although both are used in current conversation.

39. Proper Noun Possessors

With proper noun possessors there are two possible constructions, the first being more current than the second.

(i)   noun + $\begin{bmatrix} \text{'}\bar{o} \\ \text{'}\bar{a} \end{bmatrix}$ + possessor

Examples:

te fa'a'apu 'ā Peu	Peu's plantation
te ūpo'o 'ō Peu	Peu's head

(ii) $\begin{bmatrix} t\bar{o} \\ t\bar{a} \end{bmatrix}$ + possessor + noun

Examples:

tō Peu ūpo'o	Peu's head
tā Peu fa'a'apu	Peu's plantation

40. Possessive Statements

This construction, which will be commented on at length later, represents a complete utterance, whereas the constructions in §§37,

POSSESSION

38, and 39 do not. The construction meaning A belongs to B, for example, consists of:

$$\begin{bmatrix} n\bar{o} \\ n\bar{a} \end{bmatrix} + \begin{bmatrix} \text{pronoun} \\ \text{common noun} \\ \text{proper noun} \end{bmatrix}$$

Examples:

Nā'u teie 'uri.	This is my dog.
Nō'u teie fare.	This is my house.
Nō 'oe tēra fare.	That is your house.
Nō te pōti'i tēra 'ahu.	That is the girl's dress.
Nōna tēra fare.	That is his house.
Nō Peu tēra tia'a.	Those are Peu's shoes.
Nā Peu tēra vahine.	That is Peu's wife.

41. Exercise

(a) Translate into English:

1. *Tāna tipi.* 2. *Tā māua 'uri.* 3. *Tō 'outou va'a.* 4. *Tōna na rima.* 5. *Tā 'oe mau 'uri haviti 'e pae.* 6. *Te mau 'uri 'ā te tavana.* 7. *Te 'ama'a 'ō te hō'e tumu vi.* 8. *Tā te mau tāmuta fare 'ohipa.* 9. *Te 'avae 'ō Teri'i.* 10. *Te mau 'uri 'ā Peu.* 11. *Nā rātou teie mau afata.* 12. *Nō 'ōrua tēra mau ro'i.* 13. *Nā'u tēra puta.* 14. *Nā te tavana tēra 'uri.* 15. *Nā teie vahine tēra rata.*

(b) Translate into Tahitian:

1. My dogs. 2. His head. 3. Their (pl.) boats. 4. My six knives. 5. Their (pl.) beautiful clothes. 6. The head of the fish. 7. The branch of the mango tree. 8. The man's work. 9. Terii's head. 10. Peu's leg. 11. That is my letter. 12. Those are his boxes. 13. This is Terii's book. 14. This is my watch. 15. This is your (pl.) table.

Lesson 7

THE PRONOUN

42. Pronouns Subject

au, vau	I
'oe	you
'oia, 'ona	he, she, it
tāua	we (dl inc.)
māua	we (dl exc.)
'ōrua	you (dl)
rāua	they (dl)
tātou	we (pl. inc.)
mātou	we (pl. exc.)
'outou	you (pl.)
rātou*	they

There are two forms of the first person singular pronoun, *au* and *vau*. *Au* is used after words ending in *-e* or *-i*, while *vau* is used elsewhere. Examples:

'e ta'iri au	I shall hit
'e horo vau	I shall run

In conversational Tahitian, however, *vau* may replace *au* at any time.

There are also two forms of the third person singular pronoun, *'oia* and *'ona*. *'Oia* is the usual pronoun, and *'ona* is mostly used only if the subject has already been mentioned in the conversation, and is known to both speakers. *'Ona* has a demonstrative force which *'oia* lacks.

43. Pronouns Object

Since we will be learning in the next lesson how verbs work and how to make sentences, the direct object forms of the pronouns are given here:

'ia'u	me
'ia 'oe	you
'iāna	him, her
'ia tāua	us (dl inc.)

* *Vera* also, meaning "those about whom one has spoken". Not much used in conversation.

THE PRONOUN

'ia māua — us (dl exc.)
'ia 'ōrua — you (dl)
'ia rāua — them (dl)
'ia tātou — us (pl. inc.)
'ia mātou — us (pl. exc.)
'ia 'outou — you (pl.)
'ia rātou — them (pl.)

Examples:
'ua ta'iri au 'ia 'oe — I hit you (Lit. hit I you)
'ua 'ite au 'ia rātou — I saw them
'ua here 'oia 'ia'u — she loves me

44. Other Object Markers

It is convenient to give the direct object forms for common nouns and proper nouns immediately, as they will be used in Lesson 8, and are absolutely essential.

(a) Proper Nouns. When a proper noun is the direct object of a verb, it must be preceded by 'ia in the same way as a pronoun. Examples:

'ua hohoni te 'uri 'ia Peu
the dog bit Peu (Lit. bit the dog Peu)
'ua 'ite au 'ia Teri'i
I saw Terii

(b) Common Nouns. When a common noun is the direct object of a verb, it must be preceded by 'i followed by the normal subject articles as seen above. Examples:

'Ua tāpū te ta'ata 'i te tumu 'uru.
The man cut down the breadfruit tree.
(Lit. cut the man the breadfruit tree)
'Ua tāpū te ta'ata 'i te mau tumu ha'ari.
The man cut down the coconut trees.

Lesson 8

THE VERB

Vocabulary:

haere	to go	āni	to ask
tāmā'a	to eat	pahono	to answer
'au	to swim	ta'i	to cry
ta'oto	to sleep	tauturu	to help
maniania	to make a noise	ha'api'i	to learn
oti	to finish	ho'o mai	to buy
tāpū	to cut	hina'aro	to like, want
horo'a	to give	tāpe'a	to stop
tupa'i	to kill	inu	to drink
mā'iti	to elect	horo	to run
ua	to rain	tunu	to cook
hohoni	to bite	fa'aro'o	to hear
'ia	to steal	rave	to do, make, take
pa'imi, 'imi	to look for		
fati	to break	'amu	to eat
parari	to break, smash	parau	to speak
tanu	to plant	pohe	to die
pure	to pray	te hapaina	the glass
'ite	to see, know	te 'ofa'i	the stone
hi'o	to look at	te tao'a	the gift
fa'ari'i	to receive	te ha'ari	the coconut
tae	to arrive	te ūfi	the yam
te mātete	the market	te 'umara	the sweet potato
te vahie	the wood	te pia	the beer
te tavana	the chief	te pere'o'o uira	the car
te tāupo'o	the hat	te titeti	the ticket
te i'oa	the name	te manureva	the plane
te miti	the sea	te pūha	the copra
te mata'i	the wind	te moni	the money
te 'iore	the rat	te 'oire	the city

45. Word Order

Before discussing the verb in Tahitian and its tenses, it should be pointed out that the word order in the sentence is different from many European languages.

Normal word order = verb + subject + object

46. Active Verbs

(a) Tenses. Tahitian tenses do not correspond to those of European languages, a fact to which students of Tahitian should pay particular attention.

The tenses are as follows:

(i) *te* + verb + *nei* + subject

This form indicates an immediate future or a present continuous tense. It translates "in the act of", with overtones of proximity to the speaker. The table of verb forms is as follows:

te tāmā'a nei au	I am eating
te tāmā'a nei 'oe	you are eating
te tāmā'a nei 'oia	he/she is eating
te tāmā'a nei tāua	we (dl inc.) are eating
te tāmā'a nei māua	we (dl exc.) are eating
te tāmā'a nei 'ōrua	you two are eating
te tāmā'a nei rāua	they two are eating
te tāmā'a nei tātou	we (pl. inc.) are eating
te tāmā'a nei mātou	we (pl. exc.) are eating
te tāmā'a nei 'outou	you (pl.) are eating
te tāmā'a nei rātou	they are eating
te tāmā'a nei te vahine	the woman is eating
te tāmā'a nei 'o Teri'i	Terii is eating

When the action is not thought of as taking place in close proximity to the speaker, then *nei* is replaced by *maira*. Example:

Te 'amu maira rāua 'i te 'uru.

They two are eating breadfruit.

(ii) *te* + verb + *ra* + subject

This verbal construction indicates "was in the act of" and "has been in the act of doing something for some time", with overtones of distance from the speaker. It approximates to the European imperfect tense, which, however, lacks the second Tahitian meaning. The table of verb forms is:

te 'āu ra vau	I was swimming
te 'āu ra 'oe	you were swimming
te 'āu ra 'oia	he/she was swimming
te 'āu ra tāua	we (dl inc.) were swimming
te 'āu ra māua	we (dl exc.) were swimming

te 'au ra 'ōrua	you two were swimming
te 'au ra rāua	they two were swimming
te 'au ra tātou	we (pl. inc) were swimming
te 'au ra mātou	we (pl. exc.) were swimming
te 'au ra 'outou	you (pl.) were swimming
te 'au ra rātou	they were swimming
te ta'oto ra te 'uri	the dog was sleeping
te ta'oto ra 'o Teri'i	Terii was sleeping

(This may also mean "Terii is still asleep and has been for some time".)

(iii) '*ua* + verb + subject

This construction indicates both a past action and a present state, that is to say, the action has been completed while the result of the action is at present being felt. In Tahitian conversation this is the construction most commonly used to indicate any past tense. The table of verb forms is as follows:

'ua tāpū vau 'i te vahie	I cut the wood
'ua tāpū 'oe 'i te vahie	you cut the wood
'ua tāpū 'oia 'i te vahie	he/she cut the wood
'ua tāpū tāua 'i te vahie	we (dl inc.) cut the wood
'ua tāpū māua 'i te vahie	we (dl exc.) cut the wood
'ua tāpū 'ōrua 'i te vahie	you two cut the wood
'ua tāpū rāua 'i te vahie	they two cut the wood
'ua tāpū tātou 'i te vahie	we (pl. inc.) cut the wood
'ua tāpū mātou 'i te vahie	we (pl. exc.) cut the wood
'ua tāpū 'outou 'i te vahie	you (pl.) cut the wood
'ua tāpū rātou 'i te vahie	they cut the wood
'ua tāpū te vahine 'i te vahie	the woman cut the wood
'ua tāpū 'o Teri'i 'i te vahie	Terii cut the wood

(iv) '*i* + verb + *na* + subject

This construction indicates the idea of a recently completed action. It is not used as frequently in conversation as the form with '*ua*.*
The table of forms is as follows:

'i haere na vau 'i te mātete	I went to the market
'i haere na 'oe 'i te mātete	you went to the market
'i haere na 'oia 'i te mātete	he/she went to the market
'i haere na tāua 'i te mātete	we (dl inc.) went to the market
'i haere na māua 'i te mātete	we (dl exc.) went to the market
'i haere na 'ōrua 'i te mātete	you two went to the market

* The '*i . . . na* form is, however, used when consequence is expressed; cf. §88.

THE VERB

'i haere na rāua 'i te mātete — they two went to the market
'i haere na tātou 'i te mātete — we (pl. inc.) went to the market
'i haere na mātou 'i te mātete — we (pl. exc.) went to the market
'i haere na 'outou 'i te mātete — you (pl.) went to the market
'i haere na rātou 'i te mātete — they went to the market

(v) 'i + verb + iho $\begin{bmatrix} nei \\ ra \end{bmatrix}$ + subject

This construction indicates a very recent past tense, "to have just done something". The form with *ra* indicates rather "I had just...." The following is the table of forms:

'i tāpū iho nei vau 'i te vahie — I have just cut the wood
'i tāpū iho nei 'oe 'i te vahie — you have just cut the wood
'i tāpū iho nei 'oia 'i te vahie — he/she has just cut the wood
'i tāpū iho nei tāua 'i te vahie — we (dl inc.) have just cut the wood
'i tāpū iho nei māua 'i te vahie — we (dl exc.) have just cut the wood
'i tāpū iho nei 'ōrua 'i te vahie — you two have just cut the wood
'i tāpū iho nei rāua 'i te vahie — they two have just cut the wood
'i tāpū iho nei tātou 'i te vahie — we (pl. inc.) have just cut the wood
'i tāpū iho nei mātou 'i te vahie — we (pl. exc.) have just cut the wood
'i tāpū iho nei 'outou 'i te vahie — you (pl.) have just cut the wood
'i tāpū iho nei rātou 'i te vahie — they have just cut the wood
'i tāpū iho nei te ta'ata 'i te vahie — the man has just cut the wood
'i tāpū iho nei 'o Teri'i 'i te vahie — Terii has just cut the wood

(vi) *'e mea maoro* + nominalised verb. This is a non-verbal sentence type, conveying the distant past tense in Tahitian. Examples:

'E mea maoro 'i teie nei tō'u haerera'a 'i Mo'orea.
I went to Moorea long ago.
(Lit. it is long now my going to Moorea)
'E mea maoro te horo'ara'a hia te tao'a 'i te tavana.
The gift was given to the chief long ago.

Further reference to this structure is made in §73.

(vii) *'ua oti* + possessive adjective + noun + *'i te* + verb.

This is a special construction used to indicate completed action. Examples:

'Ua oti tā'u vahie 'i te tāpū.
I have finished cutting the wood.
(Lit. is finished my wood the cutting)

Pau replaces *oti* to indicate "finished", when the verb is concerned with eating. Thus:

'Ua pau tā te vahine 'ina'i pua'atoro 'i te 'amu.
The woman has finished eating the beef.

(viii) *'ua mātau* + subject + *'i te* + verb

Habitual action, indicated by *mātau*, to be used to, to be accustomed to, is expressed by the above construction. Examples:

    'Ua mātau vau 'i te haere 'e ti'i 'i te 'anani.
    I am used to going to pick oranges.
    (Lit. I am used to the going and pick oranges)
    'Ua mātau vau 'i te rave 'i te 'ohipa.
    I am used to working.

(ix) *'e* + verb + subject

This construction is used to indicate any future tense, and may be set out as follows:

'e haere au 'i te 'oire	I shall go to town
'e haere 'oe 'i te 'oire	you will go to town
'e haere 'oia 'i te 'oire	he/she will go to town
'e haere tāua 'i te 'oire	we (dl inc.) shall go to town
'e haere māua 'i te 'oire	we (dl exc.) shall go to town
'e haere ōrua 'i te 'oire	you two will go to town
'e haere rāua 'i te 'oire	they two will go to town
'e haere tātou 'i te 'oire	we (pl. inc.) shall go to town
'e haere mātou 'i te 'oire	we (pl. exc.) shall go to town
'e haere 'outou 'i te 'oire	you (pl.) will go to town
'e haere rātou 'i te 'oire	they will go to town
'e tupa'i te ta'ata 'i te hō'e pua'a	the man will kill a pig
'e tupa'i 'o Teri'i 'i te hō'e pua'a	Terii will kill a pig

If emphasis is sought, the subject may precede the verb. Thus:

    'Ananahi vau 'e haere ai 'i te mātete.
    Tomorrow I shall go to the market.

The directional, *ai*, is explained in §81(d), and may be ignored for purposes of this lesson.

(x) *mai* + verb + *roa* + subject

This is the construction used to indicate the frustrative form of the verb, "almost, nearly". Examples:

mai pohe roa 'oia	he nearly died
mai fati roa tō'u 'avae	I nearly broke my leg
mai hohoni roa te 'uri 'ia'u	the dog almost bit me

(b) **Special Verb Fillers.** In European languages, the verb slot in the sentence is usually filled by what is known as a verb. In Tahitian, as we have just seen above, this is the case also in the majority of cases. However, it is not uncommon for the verb slot to be filled by a part of speech other than a verb in the Tahitian sentence.

THE VERB

In Tahitian, the verb slot in the sentence may also be filled by a noun, an adjective, or an interrogative. Examples will make the point clear:

'Ua mata'i 'i teie nei.
It is blowing now.
(Lit. it winds now)
'E 'ava'e tātou 'i Maupiti.
We will spend a month on Maupiti.
(Lit. will month we on Maupiti)
'Ua tapati au 'i Pape'ete.
I spent Sunday in Papeete.
'Ua haumi te fenua.
The ground is wet.
'Ua maoro 'oia 'i tāna 'ohipa.
He is late for work.
Te aha ra tēra vahine?
What is that woman doing?

(c) Nouns Formed from Verbs. In Tahitian, verbs expressing movement or state may become abstract nouns when preceded by the article *te*. Examples:

mana'o	to think	te mana'o	thought
ta'oto	to sleep	te ta'oto	sleep
mata'u	to fear	te mata'u	fear
ora	to live	te ora	life

More commonly, the nominalising suffix -*ra'a* converts verbs into nouns, almost without exception. In this case, the resulting noun form is participial in sense; that is, the noun becomes an action noun. The principle will become clear when the following examples are considered:

pure	to pray	te purera'a	the prayer, praying
tāmā'a	to eat	te tāmā'ara'a	the feast, feasting
hoe	to row	te hoera'a	the rowing
tae	to arrive	te taera'a	the arrival
hapono	to send	te haponora'a	the sending
'au	to swim	te 'aura'a	the swimming
hamani	to build	te hamanira'a	the making
pafa'i	to gather	te pafa'ira'a	the gathering

47. Passive Verbs

The passive in Tahitian will be treated in three sections.

(i) verb + *hia* + subject + object + agent

The passive form of the verb consists in placing *hia** after the verb stem. Examples:

'Ua hohoni hia 'oia 'e te 'uri. He was bitten by the dog.
'Ua 'ia hia tōna tāupo'o. His hat was stolen.
'I ta'iri hia na vau. I was whipped.
'E ta'iri hia vau. I shall be whipped.

Hia has been considered best kept apart from the verb stem and not joined as a suffix, as adverbs may be placed between the stem and *hia* to describe manner. This construction will be explained in §85. *Hia* is replaced by *-a* to indicate a recent past passive. Examples:

rave	to take	'amu	to eat
ravea	taken (recent)	'amua	eaten (recent)
rave hia	taken (general)	'amu hia	eaten (general)

'Ua ravea te tāupo'o 'e 'o Teri'i.
The hat was taken by Terii.

At this point it should be noted that the agentive article in Tahitian has two forms, *'i* for inanimate agents and *'e* for animate agents. Examples:

'Ua hohoni hia 'oia 'e te ma'o.
He was bitten by a shark.
'Ua horo'a hia te tao'a 'e te tamāroa iti.
The gift was given by the small boy.

But: *'E haere au 'e ta'iri 'i te 'uri 'i te 'ama'a rā'au.*
I shall go and hit the dog with a stick.

With pronoun agents, the forms are as follows:

'e au	by me	'e rāua	by them (dl)
'e 'oe	by you	'e tātou	by us (pl. inc.)
'e ana	by him	'e mātou	by us (pl. exc.)
'e tāua	by us (dl inc.)	'e 'outou	by you (pl.)
'e māua	by us (dl exc.)	'e rātou	by them (pl.)
'e 'ōrua	by you (dl)		

Example:
'Ua tupa'i hia te 'uri 'e ana.
The dog was hit by him.

(ii) *nā* + agent + verb + subject

This is the construction used when the emphasis rests on the agent, rather than on the action. Examples:

Nā te tavana 'i taparahi ha'apohe te ma'o.†

---

* Except when the final syllable of the verb is *-hi*, or sometimes *-i*, when the passive marker is *-a*; e.g. *vavahi* (to split), *vavahia* (split).
† *'I*, the sign of the object, is often omitted in the past tense with this construction.

THE VERB

The shark was killed by the chief.
(Lit. by the chief killed the shark)
Nā te tamāroa iti 'i horo'a ātu 'i te tao'a.
The gift was given by the small boy.

The verb remains in the active form in this construction. When this emphatic construction is used, *'i* indicates all past tense, while *'e* indicates future and present tense.

(iii) verbs without *hia*

Certain verbs in Tahitian may not take the passive marker *hia*. They are as follows:

rava'i	to be sufficient	*mā'e*	to be lifted
nava'i		*mara'a*	to be raised
noa'a	to be obtained	*ti'a*	to be able
roa'a		*nehenehe*	to be able
ta'a	to be certain	*hemo*	to be surpassed
mo'e	to be forgotten	*rē*	to be victorious

The following sentences illustrate their usage. It will be observed that these verbs are unlike those seen so far in that they are mainly impersonal. Examples:

'Ua nava'i te mā'a.
There is enough food.
'Ua noa'a tā tātou pia.
We have got some beer.
'Ua ta'a 'ia'u 'i te fa'ahoro 'i te pere'o'o-uira.
I know how to drive a car.
'Ua mo'e 'ia'u te titeti manureva.
I have forgotten my plane-ticket.
'Ua mā'e tā'u pūte pūha.
I was able to lift my sack of copra.
'Ua mara'a te moni 'ō te pūha.
The price of copra has risen.
'E ti'a 'ia'u 'ia tauturu 'ia 'oe.
I can help you.
'E nehenehe tā'u 'e tauturu 'ia 'oe.
I can help you.
'Ua hemo tō Teri'i va'a 'i tō Marama.
Terii's boat has passed Marama's.
'Ua rē 'ia Moana.
Moana has won.

It is not necessary to study part (iii) of this section intensively at this stage. After Lesson 19 it will be clearer. It is better for the moment to practise using the passive forms given in parts (i) and (ii).

48. Exercise

(a) Translate into English:
1. 'Ua tāmā'a vau. 2. 'Ua hina'aro 'oia 'i te hō'e afata. 3. 'E ta'i rātou. 4. Te haere nei 'ōrua 'i te 'oire. 5. Te horo'a ra 'oia 'i te tao'a. 6. Te inu ra rātou 'i te pia. 7. 'I tupa'i na te ta'ata 'i te hō'e pua'a. 8. Te hi'o ra te mau vahine 'i te miti. 9. 'E 'amu te ta'ata 'i te vi. 10. Te horo nei te mau tamāroa. 11. 'Ua tupa'i hia te honu 'e te mau feiā ta'i'a. 12. 'Ua hohoni hia te ta'ata 'e te ma'o. 13. 'E tupa'i au 'i te 'uri 'i te 'ama'a rā'au. 14. 'Ua mā'iti hia 'oia 'ei mero nō te Apo'ora'a Rahi. 15. Nā'u 'i tunu 'i te ūfi. 16. Nā te pōti'i ra 'i tanu 'i te tiare. 17. Nā 'outou 'e tāpū 'i te vahie. 18. Te tanu hia nei te hō'e tumu ha'ari. 19. 'Ua 'amu hia te 'iore 'e te 'uri. 20. 'Ua tupa'i hia te 'uri 'e ana.

(b) Translate into Tahitian:
1. I am eating a mango. 2. He was swimming yesterday. 3. My hat was stolen yesterday. 4. The girl was looked for by the boy. 5. I shall cut the wood tomorrow. 6. We two (inc.) shall swim. 7. They (pl.) were eating mangoes. 8. The dog bit my leg. 9. The chief died yesterday. 10. Yesterday I bought four books. 11. I like his dog. 12. The girl is looking at the sea. 13. The dog is asleep. 14. He went to the city. 15. You stole my book.

Lesson 9

THE CAUSATIVE VERB

49. *Fa'a-* or *Ha'a-*

In Tahitian there is a verb form, the causative, which is employed very frequently in conversation. The causative form means "to cause to be done", "to have something done". The prefixes used to form the causative are *fa'a-* or *ha'a-*.* With a smaller number of verbs, listed at the end of this section, either *fa'a-* or *ha'a-* may be used as causative markers; but in the vast majority of verbs these prefixes are not interchangeable, and the correct marker must be learnt in each case, as indicated in the glossary. Examples of the causative:

tupu	to grow	fa'atupu	to make something grow
'ite	to know	fa'a'ite	to make known, explain
ta'i	to cry	fa'ata'i	to make someone cry
maita'i	good	ha'amaita'i	to do good
'ino	bad	fa'a'ino	to do evil
'ahu	clothes	fa'a'ahu	to clothe someone
nehenehe	beautiful	fa'anehenehe	to clean

As was pointed out in §46(xi), there are really no such parts of speech as "verb", "noun", "adjective" in Tahitian, each part of speech being determined solely by the slot it fills and the function it performs in the sentence. It would therefore be better to speak of a "base" than of a "part of speech". It can be seen from the above that "verbs", "nouns", and "adjectives" may be used to form a causative verb form. Examples:

    tae   to arrive   fa'atae   to import
    'Ua fa'atae 'oia 'i te mau pua'atoro.
    He imported cattle.
    nehenehe   beautiful   fa'anehenehe   to clean
    'E fa'anehenehe rātou 'i te piha.
    They are going to clean the room.

* With causative verbs, there are two primary stresses, one on the prefix and one on the verb stem, as indicated above.

The following causative forms may take either *ha'a-* or *fa'a-** (all other verbs must always take the prefix prescribed in the glossary).

ha'apihā	to cause to boil	*ha'apa'apa'a*	to roast, grill
ha'apo'i	to cover up	*ha'aputa*	to pierce
ha'apoto	to shorten	*ha'aputu*	to gather together
ha'apuai	to exert strength	*fa'a'afaro*	to straighten
		fa'a'ati	to close, accompany
ha'apu'e	to gather together	*fa'afaito*	to weigh, make equal
		fa'afarerei	to introduce
ha'apupu	to class	*fa'afariu*	to convert
ha'apurara	to scatter	*ha'amānina*	to make level
fa'afatata	to bring near	*ha'amaoro*	to delay
fa'aha'amā	to make ashamed	*ha'amarari*	to disperse
fa'amahu	to be patient	*ha'amarama-rama*	to enlighten
fa'amata'u	to terrify		
fa'arapu	to stir	*ha'amatara*	to untie
ha'afaufau	to debase	*ha'amau*	to establish
ha'afefe	to bend	*ha'amaū'a*	to waste
ha'afifi	to entangle	*ha'ama'ue*	to make fly
ha'afirifiri	to curl	*ha'amauiui*	to inflict pain
ha'afiu	to bore	*ha'amaurūru*	to thank, please
ha'amaheu	to discover	*ha'amenemene*	to make round
ha'amana	to authorise	*ha'ami'omi'o*	to crumple
ha'amani'i	to spill	*ha'apapū*	to level, assure
ha'amo'e	to forget, lose	*ha'ape'ape'a*	to annoy

50. Tā-

Tā- is another prefix forming the causative, but with the meaning "to put something to use". Examples:

ūpo'o	head	*tāūpo'o*	to put on one's head
tihota	sugar	*tātihota*	to sugar something
paru	bait	*tāparu*	to beg

51. Causative and Passive

In §47(iii) we saw that certain verb roots are already passive in sense and cannot take the passive formative *hia*. There is another short list of verbs which can take the passive formative *hia*, but only after the causative prefixes have been applied. This is because they are basically passive in meaning. Examining the list will make this clearer:

fati	to be broken	*oti*	to be finished

* The more common form only is listed here.

THE CAUSATIVE VERB

'ofati	to break	fa'aoti	to finish
matara	to become untied open	papū	to be sure
ha'amatara	to untie	ha'apapū	to assure
mau	to be held fast	pau	to be consumed
tāmau	to hold, learn thoroughly	ha'apau	to consume
		pohe	to be dead
		tupohe	to kill, put out a light
maū'a	to be wasted	riro	to become, to be taken possession of
ha'amaū'a	to waste		
mo'e	to be forgotten	fa'ariro	to accept
ha'amo'e	to lose		

Examples:

'Ua fati te mau tumu ha'ari.	The coconut trees are broken.
'Ua 'ofati vau 'i te 'ama'a rā'au.	I broke the branches.
'Ua 'ofati hia te 'ama'a rā'au.	The branches have been broken.
'Ua matara te mau fare toa.	The shops are open.
'Ua ha'amatara 'ona 'i te tapona taura.	He untied the knot in the rope.
'Ua ha'amatara hia te 'opani.	The door is ajar.
'Ua mau maita'i te taura 'i te tā'amu.	The rope has been well tied.
'Ua tāmau maita'i 'o Heifara 'i tāna himene.	Heifara has learnt her song well.
'Ua tāmau hia te himene.	The song has been learnt.
'Ua maū'a noa te taime.	It is a waste of time.
'Ua ha'amaū'a 'ona 'i te taime.	He has wasted his time.
'Ua ha'amaū'a hia te taime.	Time has been wasted.
'Ua mo'e 'ia'u.	I have forgotten.
'Ua ha'amo'e te tohora.	The whale has submerged again.
'Ua ha'amo'e hia te mau parau tahito.	The old legends are forgotten.
'Ua oti te poti 'i te hamani.	The boat has been finished.
'Ua fa'aoti te 'ohipa.	The work is finished.
'Ua fa'aoti hia te purera'a.	The prayer has ended.
'Ua papū 'ia'u.	I am sure.
'Ua ha'apapū 'oe.	You have explained.
'Ua ha'apapū hia te hora.	The time has been set.
'Ua pau te pape.	The water is used up.
'Ua ha'apau 'oia 'i te uaina.	He drank all the wine.
'Ua ha'apau hia te mā'a.	The food has been consumed.
'Ua pohe 'oia.	He is dead.
'Ua tupohe 'oia 'i te mōri.	He put out the light.
'Ua tupohe hia te mōri.	The light has been put out.

'Ua riro 'oia 'ei tavana. He has become the mayor.
'Ua fa'ariro 'oia 'i tōna pere'o'o. He has sold his car.
'Ua fa'ariro hia 'oia 'ei ta'ata He has been made a French
Farāni. citizen.

52. Noun + *hia*

In Tahitian any common noun may become a passive impersonal verb, simply by the addition of *hia* to the noun itself. Examples:

ta'ata	man, person	ta'atahia	to become populous
mā'a	food	mā'ahia	to become fruitful
mahāna	sun	mahānahia	to become sunny

Thus: *'E 'ita 'e ta'atahia 'i te 'oire 'ananahi.*
    There will be nobody in town tomorrow.

53. Dual Forms of the Verb

When a movement or action is performed by two persons together, the form of some verbs is subject to partial reduplication, usually of the first syllable. Examples:

horo	to run	hohoro	to run (two together)
haere	to go	hahaere	to go (two together)
reva	to leave	rereva	to leave (two together)
parau	to converse	paraparau	to converse (two together)
ta'oto	to sleep	ta'o'oto	to sleep (two together)

54. Intensified Verbs

When an action or movement is repeated several times or very often, the form of several verbs is subject to complete or almost complete reduplication. Thus:

parau	to converse	parauparau	to talk a lot
hi'o	to look at	hi'ohi'o	to stare at
hoe	to row	hoehoe	to row here and there
pātia	to prick, spear	pātiatia	to prick several times
rave	to do, make	raverave	to manipulate
horōi	to wash	horohorōi	to wash repeatedly

When a statement or decision is stressed, *ia* immediately following the verb acts as an intensifying particle. Examples:

'E ta'oto ia te mau ta'ata 'i uta 'i tēra fa'a.
The people will sleep at the bottom of the valley.
'E riro ia te 'oire nō Pape'ete 'ei māta'ita'ira'a nā te mau feiā rātere.
Papeete is becoming the delight of the tourists.

55. Exercise

(a) Translate into English:
1. 'Ua fa'atupu 'oia 'i te vi. 2. 'Ua ha'aparari rātou 'i te mau hapaina.
3. 'E fa'atae mai vau 'i tā'u tauiha'a. 4. 'Ua ha'amani'i 'oe 'i te ū.
5. 'Ua fa'atupa'i 'oia 'i te hō'e pua'a. 6. Te hi'ohi'o ra rātou 'i te mau pōti'i. 7. 'E hahaere rāua 'i te mātete. 8. 'Ua rereva ātu tau na ta'ata. 9. Te parauparau nei te mau pōti'i. 10. 'I ta'o'oto na māua.

(b) Translate into Tahitian:
1. All the dry coconuts are gathered up. 2. She will clean the room. 3. It is covered up. 4. I shall conclude our conversation. 5. The net is closed off. 6. I shall explain to him. 7. A feast was organised. 8. Cattle are imported to Tahiti. 9. The men paddled about. 10. He stared at the fish.

Lesson 10

THE NEGATIVE

The negative particles in Tahitian are as follows:
- 'aita
- 'aore
- 'e'ita
- 'e'ore
- 'e 'ere

56. *'Aita* **and** *'Aore*

'Aita or *'aore* are used to indicate negation with present or past tense. The negative particle always precedes the subject and the verb. With a negative sentence the word order is as follows:

negative particle + subject + verb + object

Examples:
'Aita te ta'ata 'i hohoni hia 'e te 'uri.
The man was not bitten by the dog.
'Aita vau 'i rave 'i te 'ohipa 'i teie po'ipo'i.
I did not work this morning.
'Aita vau 'e tāmā'a nei.*
I am not eating.
'Aita tā'u vahie 'i oti 'i te tāpū.
I have not finished cutting the wood.
'Aita vau 'e 'amu ra.
I was not eating.

'Aore may be used instead of *'aita*, and has a more emphatic quality.
Example:
'Aore au 'i tupa'i 'iāna.   I did not hit him.

57. *'E'ita* **and** *'E'ore*

'E'ita or *'e'ore* are used to indicate negation with future tense. The word order remains the same as for the present and past negative.
Examples:
'E'ita vau 'e haere 'i teie nei 'i te mātete.
I shall not go to the market now.

* Note that *'e* replaces the *te* of the present affirmative construction.

THE NEGATIVE

'*E'ita te ta'ata 'e hohoni hia 'e te 'uri.*
The man will not be bitten by the dog.
'*E'ore* has a stronger force than '*e'ita*, in the same way that '*aore*, is more emphatic than '*aita*. Example:
'*E'ore roa rātou 'e tae mai.* They will never arrive.

58. '*E 'ere*

'*E 'ere* is used in negative statements such as "there is not", "it is not". This type of negation is used mainly with sentences of the type not containing a verb in Tahitian. A few examples will make it clear:

'*E 'ere 'i te mea 'ohie.*   It is not easy.
                            (Lit. it is not a thing easy)
'*E 'ere 'oia 'i te mea puai.*   He is not strong.
                            (Lit. he is not a thing strong)

'*E 'ere* is also used to negate the verbal sentence type explained in §47(ii). Thus:

'*E 'ere nā'u 'i rave 'i te puta.* It was not I who took the book.

A detailed explanation of the uses of '*e 'ere* with non-verbal sentence types will be found in §§73 and 74.

59. Negative + *Roa*

Roa, immediately following any of the negative particles, corresponds to "never". Examples:

'*Aita roa vau 'i 'ite.*   I have never seen it.
'*E'ore roa rātou 'e tae mai.* They will never arrive.

60. '*Aiteā* and '*Aore ā*

'*Aiteā* and '*aore ā* correspond to the English "not yet", and occupy the same position in the sentence as '*aita*. Examples:

'*Aiteā 'ona 'i haere mai.*   He has not yet come.
'*Aore ā 'ona 'i 'ite 'i te miti.*   He has not seen the sea yet.

61. '*Ore*

'*Ore* is often placed after the verb, and corresponds to the English "without". Example:

'*E rave tāua 'i te 'ohipa mai te fa'aea 'ore.*
We shall work without stopping.
(Lit. will do we the work with the stop without)

'*Ore* is also used as a negative verb in such sentences as:

Nō te aha 'oe 'e 'ore ai 'e 'āu?
Why don't you swim?

'Ia 'ore 'oia 'e 'amu fa'ahou 'i te mau ta'ata.
Lest he eat men again.

Further reference to *'ore* as a verb is made in §98.

Some adverbs and adjectives take on a negative sense when followed by *'ore*. Examples:

pinepine	often	*pinepine 'ore*	rarely
tu'utu'u	slack	*tu'utu'u 'ore*	continually
nehenehe	possible	*nehenehe 'ore*	impossible

62. Exercise

(a) Translate into English:

1. *'Aita te pōti'i 'i pa'imi hia 'e te taure'are'a tāne.* 2. *'Aita tōna tāupo'o 'i 'ia hia 'inanahi ra.* 3. *'Aita 'o Moana 'e ta'oto ra.* 4. *'Aita te fenua 'i haumi.* 5. *'Aita vau 'e tai'o nei.* 6. *'E'ore vau 'e tapū 'i te vahie.* 7. *'E'ore 'oe 'e inu 'i te uaina.* 8. *'E'ita 'oia 'e 'au.* 9. *'E'ita rātou 'e haere 'i te mātete.* 10. *'Aore vau 'e tāmā'a nei.*

(b) Translate into Tahitian:

1. I shall not go to the market. 2. The gift was not given to the chief. 3. The men did not arrive. 4. I am not eating. 5. You (pl.) did not eat. 6. The dog will not bite the man. 7. Peu is not swimming. 8. I shall not eat the yams. 9. The woman did not plant the coconuts. 10. They (pl.) are not children.

Lesson 11

VERBAL SENTENCE TYPES

Vocabulary:

te tao'a	the present	reva	to leave
te tavana	the mayor	tae	to arrive
te tavana rahi	the Governor	fa'ari'i	to receive
te mata'eina'a	the district	fa'atupu	to organise
te tāmā'ara'a	the feast	fa'a'ite	to explain
te pae moana	the edge of the lagoon	tu'u	to put down
		mana'o	to think
te fare toa	the shop	tupu	to exist, grow
te piripou	the trousers	ti'i	to get, pick
ūa	to rain	hina'aro	to want
patiri	to thunder	rave	to do, make, take
vai	to be, exist	maita'i	well

This lesson constitutes a revision of all the lessons so far, with emphasis on practice in sentence formation. Each verbal sentence type will be expressed in terms of a formula, since word order in the Tahitian sentence is unlike that of English or French.

63. Intransitive

When the verb is intransitive, the order is as follows:

    verb + subject

Examples:
    'Ua haere au 'i te mātete.   I went to the market.
    'Ua tae mai vau 'i te hora piti.   I arrived at two o'clock.

64. Transitive

With transitive verbs, the word order is as follows:

    verb + subject + direct object

Examples:
    'E tupa'i vau 'i te hō'e pua'a.   I shall kill a pig.
    'Ua 'amu vau 'i te fē'i.   I ate a red banana.

65. Dual Object

When a second object or indirect object is expressed, it follows the first object. Thus:

    verb + subject + object + indirect object

Examples:
'Ua horo'a ātu vau 'i te hō'e tao'a 'iāna.
I gave him a present.
'Ua pāpa'i vau 'i te rata 'iāna 'inanahi ra.
I wrote him a letter yesterday.

66. Attributive

When an attributive sentence is constructed, the attribute follows the direct object and is preceded by the particle *'ei*, the attributive marker.
Example:
'Ua mā'iti rātou 'iāna 'ei tavana.
They elected him mayor.

67. Passive

With a passive verb the word order is as follows:

    verb + subject + agent

Examples:
'Ua hohoni hia 'oia 'e te 'uri.   He was bitten by the dog.
'Ua tāpe'a hia 'oia 'e te muto'i. He was arrested by the police.

68. Passive Indirect Object

When a passive verb has an indirect object, the word order is:

    verb + subject + indirect object + agent

Example:
'Ua horo'a hia te tao'a 'i te tamaiti 'e te tavana.
The present was given to the boy by the chief.

With the passive attributive (cf. §66), the word order is:

    verb + subject + attribute

Example:
'Ua mā'iti hia 'oia 'ei tavana.   He was elected mayor.

VERBAL SENTENCE TYPES

69. Impersonal Verbs

There exists a series of impersonal verbs in Tahitian, used with reference to the weather. Examples:

'e ūa	it will rain
te ūa nei	it is raining
'e patiri	it thunders

These verbs follow the pattern set out for the verbs above, with the exception that the subject is not expressed.

70. *Vai*

This verb means "to be present, to exist, to be in a certain state". It follows the regular pattern of the verbs discussed above, but does not occur in the passive form. Examples:

te vai nei au	I am	te vai ra vau	I was
te vai nei 'oe	you are	te vai ra 'oe	you were
te vai nei 'oia	he is	te vai ra 'oia	he was

Te vai ra te hō'e ta'ata tei pāpa'i 'i taua 'a'amu ra.
There was a man who wrote that story.

This verb, however, must NOT be used to translate such sentences as "I am sick", "he is well", etc., but must be used with sentences of the type "there was a man . . . ." Sentence types such as "I am well" are non-verbal in Tahitian, and will be explained in §73.

71. Exercise

(a) Translate into English:
1. 'Ua reva ātu māua. 2. Te vai nei te mau motu Tuamotu. 3. 'E tae 'oia 'i te mata'eina'a nō Pa'ea. 4. 'E haere ātu 'oia 'i Mataiea. 5. 'Ua fa'ari'i hia 'oia 'e te ari'i vahine. 6. 'Ua fa'atupu hia te hō'e tāmā'ara'a. 7. 'E fa'a'ite vau 'iāna 'i te huru nō te 'ohipa. 8. 'E tu'u rātou 'i te 'upe'a. 9. 'E haere rātou 'i te pae moana. 10. Te mana'o nei māua 'e haere ātu 'i te mau motu.

(b) Translate into Tahitian:
1. You two will eat well today. 2. All the men will go. 3. They (pl.) went in the morning. 4. They (pl.) will eat. 5. There are flowers in all the islands. 6. That flower does not grow in all places. 7. You (pl.) picked that flower. 8. We (pl. inc.) are going into a shop. 9. I want a pair of trousers. 10. I will take it.

Lesson 12

NON-VERBAL SENTENCES

In Tahitian there exists a series of sentences in which there is no verb. This phenomenon is common in Oceanic languages, but quite strange to speakers of European languages. These sentences are extremely common in everyday speech, and warrant particular attention and study on the part of the student.

72. It is, There is

The first type of non-verbal sentence corresponds to the English sentence type, "it is/there is/there are".
Note: Throughout this grammar Tahitian is explained in its own terms, but in the case of Tahitian non-verbal sentences an explanation in terms of English will clarify their structure and usage.

(i) This type of sentence consists of the particle *'e* (it is/there is), a noun, and a locative/temporal phrase. Examples:

'E naonao tō 'onei.	There are mosquitoes here.
'E ta'urua tō 'ananahi.	There is a feast tomorrow.
'E ī'a tō roto 'i te 'upe'a.	There are fish in the net.

It can be seen from these examples that the first part consists of *'e* + noun, while the second consists of *tō* + locative/temporal phrase. The first part alone constitutes a sentence in response to a question.
Example:

'E aha tēra?	What is that?
'E mā'a tahiti.	It is Tahitian food.

'E changes to *'o* when the subject is a pronoun or proper noun.
Example:

'O vau.	It is I.
'O Teri'i.	It is Terii.

With this first type of non-verbal sentence the negative is formed by placing the negative particle *'aita* before the affirmative sentence. Thus:

'Aita 'e naonao tō 'onei.	There are no mosquitoes here.
'Aita 'e ta'urua tō 'ananahi.	There is no feast tomorrow.

NON-VERBAL SENTENCES

Instead of simply *'aita*, there is a series of negatives for this sentence type which will be listed in order of increasing intensity:

'Aore re'a 'e ta'ata.	There is hardly anyone.
'Aita 'e ta'ata.	There is no-one.
'Aita roa 'e ta'ata.	There is no-one.
'Aore 'e ta'ata.	There is no-one.
'Aore roa 'e ta'ata.	There is no-one (absolute).

(ii) A sub-type of the sentence construction explained above consists of:

'e + numeral adjective + noun

This structure corresponds to such sentences as "there are many...." The numeral adjective may be either *raverahi* or *raverau*. Examples:

'E raverahi mau rātere.	There are many tourists.
'E raverau mau ta'ata.	There are many men.

Raverahi indicates many of the same kind, while *raverau* indicates many of different kinds.

When a dependent clause follows this type of sentence, the definite article *te* is sometimes inserted. Example:

'e raverahi te mau rātere ... there are many tourists who ...

73. Identificational

The second type of non-verbal sentence in Tahitian corresponds to the English type, "he is strong", or "the ground is wet". In other words, the first part of the utterance is composed of a noun qualified by an adjective, and the second is filled by a noun or pronoun. This may be summarised in the formula:

$$\begin{bmatrix} \text{noun + adjective} \end{bmatrix} + \begin{bmatrix} \text{noun} \\ \text{pronoun} \end{bmatrix}$$

Examples:
'E mea marō te ha'ari.*
The coconuts are dry.
(Lit. is a thing dry the coconuts)
'E mea pa'ari te ūfi.
The yams are hard.
(Lit. is a thing hard the yams)
'E ta'ata puai 'oia.
He is strong.
(Lit. is a man strong he)

---

* This contrasts with:
'ua marō te ha'ari
which suggests that the coconuts have become dry, but were previously wet.

'E mea āu nā'u tēra hei-pūpū.
I like that shell necklace.

As with the first type of non-verbal sentence, the first part alone may constitute a sentence in response to a question, or when the context is known. Example:

'E mea 'ohie.   It is easy.

The negative of this second non-verbal sentence type may take two forms:

(i)   *'e 'ere*

Examples:
'E 'ere 'i te mea 'ohie.   It is not easy.
'E 'ere 'oia 'i te mea puai.   He is not strong.

(ii)   *'aita*

With any sentence of the form *'e mea*, etc., the adjective may become a verb in the negative. Examples:

'e mea haumi te fenua
the ground is wet
↓
'aita te fenua 'i haumi
'e mea pa'ari te ūfi
the yams are hard
↓
'aita te ūfi 'i pa'ari

74. Equational

The third type of non-verbal sentence in Tahitian is equational, of the type "that is a coconut tree", "that is my father". It may take two forms, as follows:

(i) *'e* + noun + demonstrative

Example:
'E tumu ha'ari tēra.   That is a coconut tree.
                             (Lit. is a coconut tree that)

(ii) demonstrative + noun

Example:
Tēra tō'u metua tāne.   That is my father.
                            (Lit. that my father)

The negative of this sentence type is the same as for §73. Example:
'E 'ere tēra ta'ata tō'u metua tāne.
That man is not my father.

75. To have

(i) The last type of non-verbal sentence translates the English "to have". It is composed of:

'e + noun + possessive pronoun

Examples:
'E 'ava'ava tā'u.	I have some cigarettes.
	(Lit. are cigarettes mine)
'E 'uri tā rātou.	They have a dog.
'E ūpo'o tō'u.	I have a head.
'E fare nehenehe tō tēra ta'ata.	That man has a nice house.

Note: The possessive pronouns are identical to the possessive adjectives listed in §37.

(ii) When possession is stressed, such as in the reply to the question, "whose are the cigarettes?" (those are *my* cigarettes), the word order explained for this last non-verbal sentence is reversed, *nā* or *nō* replacing the *tā* or *tō*.* Examples:

Nā'u tēra 'ava'ava.	Those are my cigarettes.
	(Lit. for me those cigarettes)
Nō'u tēra va'a.	That is my outrigger canoe.

When possession is emphasised, as above, nouns normally taking the possessive particle *tā, nā, 'a*, may change to *tō, nō, 'o*, in order to stress absolute ownership. Example:

Nā vai tēra uāti?	Whose is that watch?
Nō'u tēra uāti.	That is my watch.

(iii) When a numeral occurs with "to have", as in "I have two pigs", the word order is:

'e + numeral + possessed noun

Example:
'E piti tāna pua'a.	He has two pigs.
	(Lit. is two his pigs)

(iv) The negative of the basic sentence type described in §75(i) is formed by placing *'aita* before the possessive pronoun. The following formula will make it clear:

$\begin{bmatrix} \text{'}aita \\ \text{'}aore \end{bmatrix}$ + possessive pronoun + 'e + noun

* The *nō, nā* form has a benefactive overtone, absent from the *tō, tā* form.

Examples:
    'Aita tā'u 'e vahine.   I have no wife.
                                    (Lit. not mine is wife)
    'Aita tā'u 'e 'ava'ava.   I have no cigarettes.
    'Aita tō tēra ta'ata 'e fare nehenehe.   That man has not got a nice house.

76. Exercise

(a) Translate into English:

1. *'E mea haumi te fenua.* 2. *Teie tā'u vahine fa'aipoipo.* 3. *'E piti tā'u pua'a.* 4. *'E 'uri maita'i tā rātou.* 5. *Tēra tōna fare.* 6. *'Aita te ūfi 'i pa'ari.* 7. *'E mea rahi roa tēra ta'ata.* 8. *'E mea nehenehe tēra pōti'i.* 9. *'E 'ere 'i te mea iti.* 10. *'Aita tā māua 'e moni.*

(b) Translate into Tahitian:

1. The road is long. 2. It is not long. 3. There are pawpaws here. 4. There is a feast tomorrow. 5. The chief has some pigs. 6. I have no house. 7. He has two hands. 8. The orange is very good. 9. They (pl.) have no money. 10. He is not strong.

Lesson 13

TIME AND FREQUENCY

By this time the student will be able to conduct a simple conversation in Tahitian, and before we move from statement sentences to other types, such as interrogative and dependent sentences, we will examine phrases, such as time and location, which may be included in any sentence type, be it statement or otherwise.

77. Time Phrases

'inanahi	yesterday
'inanahi ātura	the day before yesterday
'i napō ra	last night
'i teie mahāna	today
'i teie po'ipo'i	this morning (6–10 a.m.)
'i teie āvatea	this morning (10 a.m.–noon)
'i teie āhiāhi	this afternoon (noon–6 p.m.)
'i teie pō	
'i teie ru'i	tonight (6 p.m.–midnight)
'i teie a'ahiāta	tonight (midnight–6 a.m.)
'ananahi	tomorrow
'ananahi ātu	the day after tomorrow
'ananahi 'ia po'ipo'i	tomorrow morning
'ananahi 'ia pō	
'a napō	tomorrow night
'i teie nei	
'i teie taime	now
hou 'a	
nā mua ā'e	before (plus verb)
nā mua	before, first
nā mua ā'e 'i	before (plus noun)
'i reira	
'i te reira taime	then, at that time
ihora	
ātura	then
'i muri iho	then, after that
ā'e ra	then, thereupon

>   mai te mahāna   since
>   'e tae noa ātu   until
>   'i muta'a ihora   formerly
>   fatata   soon

The time phrase or adverb is usually placed either at the beginning or at the end of the clause or sentence. Examples:

> 'Ananahi 'e haere ai vau 'e 'āu.

Tomorrow I shall go swimming.

> 'E reva ātu vau 'i teie pō.

I shall leave tonight.

> Hou 'a tupu ai teie 'oro'a rahi ....

Before this big celebration takes place ....

> 'E nehenehe tā 'oe 'e rave nā mua.

You may take some first.

> Nā mua ā'e 'i te reira, te rave ra 'oia 'i te 'ohipa fa'a'apu.

Before that, he was a farmer.

> 'I reira tō'u farereira'a 'iāna.

It was then that I met him.

> 'Ua haere ihora 'oia 'e pīpī 'i te tiare.

Then he went and watered the flowers.

> 'Ua tāpū ātura 'oia 'i te vahie.

Then he cut the wood.

> 'I muri iho, 'ua pohe 'oia.

After that, he died.

> 'Ua ti'a ā'e ra 'oia 'i ni'a.

Thereupon he stood up.

> Mai te mahāna 'i reva ātu ai 'oe, 'aita te fare 'i taui.

Since you left, the house has not changed.

> Mai te hora piti 'e tae noa ātu 'i te hora pae.

From two until five o'clock.

> 'I muta'a ihora 'aita te mau feiā ma'ohi 'e 'amu 'i te mā'a popa'a.

Formerly the Polynesians did not eat European food.

Fatata, "soon", has a verbal construction unlike the other time phrases, as follows:

> 'Ua fatata te taime 'e parauparau ai vau 'i te reo Tahiti.

I will soon speak Tahitian.

(Lit. is near the time will speak I Tahitian)

78. Frequency Phrases

Related to time phrases are adverbs of frequency, which do not usually occupy the same position in the sentence as the time phrases listed above. Some common frequency expressions are:

>   pinepine   often

noa, noa ra	always, still, again
ēna	already (distant)
ā'e nei	already (recent)
ā	still
fa'ahou	again, once more
'i te tahi mau taime	from time to time

Adverbs of frequency always follow immediately the verb stem to which they refer. Examples:

'E haere pinepine mai au 'i 'onei.	I come here often.
'E haere pinepine au 'i te 'oire.	I often go to town.
Te ta'oto noa ra 'oia.	He is still asleep.
'Ua reva ēna 'oia.	He has already left.
'Ua 'amu ā'e nei au.	I have already eaten.
'E hina'aro ā 'oe 'i te 'ava'ava?	Do you want another cigarette?
'E ho'i fa'ahou mai ā 'oe?	Will you come back again?
'I te tahi mau taime 'e haere 'oia 'e 'āu.	He goes swimming from time to time.

79. Exercise

(a) Translate into English:

1. *'Inanahi ātura 'ua haere au 'e taī'a.* 2. *'I teie po'ipo'i 'ua ta'i au.* 3. *'I teie āhiāhi 'e haere tātou 'e ho'o mai 'i te farāoa.* 4. *'Ananahi 'ia po'ipo'i 'e haere tāua 'e rave 'i te 'ohipa.* 5. *'I teie pō 'e ta'oto vau 'i te fare.* 6. *'Ananahi 'e ho'o mai vau 'i te pere'o'o.* 7. *'Ua ta'i pinepine te tamāhine.* 8. *Te 'amu noa ra 'o Teri'i.* 9. *'Ua horo'a ātu 'oia 'i te puta 'inanahi ra.* 10. *'Ua 'ite vau 'i te pōti'i 'inanahi ātura.*

(b) Translate into Tahitian:

1. I saw you yesterday. 2. The dog bit the boy today. 3. Yesterday my hat was stolen. 4. Tomorrow I shall write a letter. 5. We (pl. inc.) will soon arrive in Tahiti. 6. Tomorrow morning they (pl.) are going fishing. 7. Yesterday the dog bit my leg. 8. This afternoon we (pl. inc.) shall go to town. 9. Tonight we (pl. inc.) will eat Peu's pig. 10. Yesterday I saw some beautiful flowers.

Lesson 14

LOCATION AND DIRECTION

80. Location

In Tahitian there is a series of locational adverb phrases, as follows:

'i raro ā'e	under
'i raro	low down
nā raro	low, low down
'i ni'a ā'e	above
nā ni'a ā'e	above
'i ni'a iho	on, up on
'i piha'i iho	beside
'i roto	in, into, inside
nā roto	from in, from inside
'i ropu	in the middle
'i rotopu	among
nā ropu	between
'i rapae	outside
'i muri mai	behind, at the back of
nā muri mai	behind
'i mua	to the front
'i mua mai	in front of, at the front
nā mua mai	in front of
'i 'onei	here
'e tae noa ātu	as far as
'e 'ati noa ā'e	around
mai	from
nō	from
'i, 'ei, tei	in, at, to

There are two positions in the sentence in which the location adverb phrases normally occur.

(i) With non-verbal sentences, the location phrase is often placed at the beginning of the sentence; observe that *'i* becomes *tei* in this position. Examples:

Tei raro ā'e te 'uri 'i te 'amura'amā'a.
The dog is under the table.

LOCATION AND DIRECTION

Tei raro te mā'a ha'ari.
The coconuts are down (on the ground).
Tei ni'a ā'e te manureva 'i te 'oire.
The aeroplane is above the town.
Tei ni'a iho te puta 'i te 'amura'amā'a.
The book is on the table.
Tei piha'i iho te parahira'a 'i te 'amura'amā'a.
The chair is beside the table.
Tei roto te ī'a 'i te 'upe'a.
The fish is in the net.
Tei ropu te pahī 'i te āva.
The steamer is in the middle of the passage.
Tei rotopu te tavana 'i te hui ra'atira.
The chief is among the people.
Tei rapae te mau pe'ue.
The mats are outside.
Tei muri mai te tumu 'uru 'i te fare.
The breadfruit tree is behind the house.
Tei mua mai te pere'o'o uira 'i te fare.
The car is in front of the house.
Tei 'onei te mau pōti 'i purotu.
The beautiful girls are here.
Tei te fare te mau manihini.
The guests are at the house.
Tei Pape'ete 'oia 'inanahi.
He was in Papeete yesterday.
But: *'Ei Pape'ete 'oia 'ananahi.*
He will be in Papeete tomorrow.
Note that *tei* is replaced by *'ei* when future tense is indicated.
With the type of stative sentence, "there is a ...", as explained in §72, the pattern there outlined is followed. Example:
'E ī'a tō roto 'i te miti.
There is a fish in the water.
(ii) With verbal sentence types, the adverbial location phrase is normally found after the verb. As the location adverb phrases occur often in conversation, each of the phrases is exemplified in verbal as well as non-verbal sentences, as follows:
'Ua ōri haere 'oia 'i raro ā'e 'i te tumu ha'ari.
He walked beneath the coconut palms.
'Ua rere te manureva nā raro roa.
The aeroplane flew very low.
'Ua rere te manureva nā ni'a 'i te 'oire.
The aeroplane flew over the town.

'E pa'uma 'oia 'i ni'a iho 'i te tumu rā'au.
He will climb up the tree.
'Ua parahi 'oia 'i piha'i iho 'ia'u.
He sat beside me.
'Ua taora vau 'i te popo 'i roto 'i te miti.
I threw the ball into the sea.
'Ua hitimahuta vau nā roto 'i tā'u moemoea.
I woke with a start from my dream.
'E haere te mau ta'ata 'i ropu 'i te miti nā ni'a 'i tō ratōu va'a.
The men go out into the middle of the water in their canoes
'Ua ōri haere 'oia 'i rotopu 'i te hui ra'atira.
He walked among the people.
'Ua haere 'oia nā ropu 'i te mau tumu rā'au.
He walked between the trees.
'Ua tatara 'oia 'i tōna mau 'ahu 'i rapae 'i te afata.
He took his clothes out of the box.
'Ua vaiho vau 'i te tipi 'i muri mai 'i te fare.
I put the knife behind the house.
'Ua 'utaru vau nā muri mai 'i te fare.
I weeded behind the house.
A hi'o 'i mua!
Look to the front!
'Ua tāpū 'ona 'i te tumu rā'au 'i mua mai 'i te fare.
He cut down the tree in front of the house.
'Ua tanu 'oia 'i te tiare nā mua mai 'i te fare.
She planted flowers in front of the house.
'Ua haere mai 'oia 'i 'onei 'inanahi.
He came here yesterday.
'Ua 'āu 'ona mai Pape'ete 'e tae ātu 'i Mo'orea.
He swam from Papeete to Moorea.
'Ua haere 'oia 'e 'ati noa ā'e te fare.
He went around the house.
'Ua tae mai 'ona mai te fenua Farāni mai.
He has come from France.
'E raverahi mau rātere nō te fenua Farāni.
There are many tourists from France.

In verbal sentence types, *'i* alone corresponds to the English "at, in, to". Examples:

'i Tahiti	to, in Tahiti	*'i te fare*	to, at the house
'i Farāni	to, in France	*'i ō Teri'i*	to, at Terii's place
'i te 'oire	to, in town	*'i ō Peu*	to, at Peu's place
'i te pae tahatai	to, at the beach		

LOCATION AND DIRECTION

81. Direction

There are two series of directionals in Tahitian. The first series is as follows:

    mai   towards the speaker
    ātu   away from the speaker
    ai   movement

Every verb of motion must be accompanied by one of the directional particles, *mai* or *ātu*, if the verb refers to a person as direct or indirect object. The following formula should be borne in mind during the explanation of their exact functions:

$$+ \text{ verb} \pm \begin{bmatrix} mai \\ \bar{a}tu \end{bmatrix} \pm ai$$

(a) Directional Unexpressed. First let us take a sentence where there is no reference to person as object or indirect object. Example:
    'E haere vau 'i te 'oire.
    I shall go to town.
Here none of the directionals is used, because there is no object person reference.

(b) *Ātu.* This word indicates movement away from the speaker or principal object of the sentence towards someone else. Examples:
    'E horo'a ātu vau 'ia 'oe 'i te tao'a.
    I shall give you a present.
    'E parau ātu 'oe 'ia rātou.
    You will speak to them.

(c) *Mai.* *Mai* indicates movement towards the speaker or focal point of the sentence by another person or object. Examples:
    'E parau mai 'oe 'ia'u.
    You will speak to me.
    'E horo'a mai 'oia 'i te tao'a 'ia'u.
    He will give me a present.
    'Ua reva mai te pahī.
    The boat has left (to come towards the speaker).

Mai may also be used to indicate movement towards the focal point of the sentence, although away from the speaker, especially with reciprocal actions of the following type:
    Let us suppose that two people are talking and that the first person has said.
    'E pāpa'i ātu vau 'ia 'oe 'i te rata.
    I shall write you a letter.

In reply to this, the second person might say, "And I shall write *you* a letter too", in Tahitian:
 'E pāpa'i mai vau 'ia 'oe 'i te rata.
 And I shall write *you* a letter.
In such a case, the focus or principal object of the second sentence is "*you*", thus requiring *mai* rather than *ātu*, indicating movement towards the focal point rather than away from the speaker.

(d) *Ai*. A directional indicating movement of any type or movement towards a consequence, *ai* is used when the verb itself is preceded by any adverbial phrase denoting present or future time, location, or situation, without reference to person.* Examples:
 'I te hora pae 'e haere ai vau 'i te 'oire.
 At five o'clock I shall go to town.
When there is also person reference, as in (b) and (c) above, then *mai ai* or *ātu ai* are used. Examples:
 'I te hora piti 'e horo'a mai ai 'oia 'i te tao'a 'ia'u.
 At two o'clock he will give me a present.
 'I te hora piti 'e horo'a ātu ai vau 'i te tao'a 'ia rātou.
 At two o'clock I shall give them a present.
The second series of directionals in Tahitian is as follows:
 nei   near the speaker
 na   near the addressee
 ra   far from the speaker
This series of directionals applies to nouns, rather than to verbs.

(e) *Nei*. This indicates that the object is near the speaker, with overtones of present time. Example:
 A rave 'i te tipi nei!   Take this knife!

(f) *Na*. *Na* indicates that the object is near the addressee in space and time. Example:
 'Ua fa'aea 'outou 'i Tahiti na.   You stayed in Tahiti.
Na is also used in conjunction with the imperative. Thus:
 A hi'o na!   Look!

(g) *Ra*. This indicates an object far from the speaker in space and time. Examples:
 'Ua oti te fare ra.   The house is finished.
 'i te matamua ra   in the beginning
It can be seen that *nei*, *na*, and *ra* are used as tense formatives, as was seen in §46. However, they may also be used with verbs, when

---

* It is also used with interrogatives; see §§98–100.

LOCATION AND DIRECTION

the idea of space rather than time is uppermost in the mind of the speaker. Thus, instead of:

	te 'amu nei au	I am eating
	te 'amu nei 'oe	you are eating
one may have:	te 'amu nei au	I am eating
	te 'amu na 'oe	you are eating
	te 'amu ra 'oia	he is eating

In this case, the relationship in space is the same as that for the usage of *nei*, *na*, and *ra* with nouns, as explained above.

Two other directionals in common use are: *'i uta*, towards the interior, towards the land, and *'i tai*, towards the sea. Examples:
'E ta'oto te mau ta'ata 'i uta 'i te fa'a.
The men will sleep at the bottom of the valley.
'Ua painu te mau mā'a ha'ari 'i tai.
The coconuts drifted towards the open sea.

82. Exercise

(a) Translate into English:
1. *Tei ni'a iho te hapaina 'i te 'amura'amā'a.* 2. *Tei raro ā'e te mōhina uaina 'i te 'amura'amā'a.* 3. *'E haere vau 'i te 'oire.* 4. *'Ua haere rātou 'i ō Teri'i.* 5. *'Ua haere mai 'oia.* 6. *'E reva ātu vau.* 7. *'I teie mahāna 'e haere ai vau 'i te 'oire.* 8. *'I te hora piti 'e haere mai ai rātou.* 9. *'Ua rave 'oia 'i te 'ohipa 'ā taua ta'ata ra.* 10. *A inu 'i te pape nei.*

(b) Translate into Tahitian:
1. The fish is in the water. 2. There are no fish in the water. 3. The dog is in front of the house. 4. He is in the tree. 5. The man is behind the house. 6. You will write me a letter. 7. Today I shall go to Australia. 8. They (pl.) will arrive at 5 o'clock. 9. The man came. 10. You will tell me.

Lesson 15

OPTIONAL PHRASES

In this lesson we will examine the benefactive, manner, and accompaniment phrases which may be added to any verbal sentence.

83. Benefactive

The benefactive forms are as follows:

nō'u, nā'u	for me
nō 'oe, nā 'oe	for you
nōna, nāna	for him, her
nō tāua, nā tāua	for us two (inc.)
nō māua, nā māua	for us two (exc.)
nō 'ōrua, nā 'ōrua	for you two
nō rāua, nā rāua	for them two
nō tātou, nā tātou	for us (inc.)
nō mātou, nā mātou	for us (exc.)
nō 'outou, nā 'outou	for you (pl.)
nō rātou, nā rātou	for them
nā te tavana nō te tavana	for the chief
nā Teri'i nō Teri'i	for Terii

It can be seen, then, that the benefactive consists of $nō$, $nā$, followed by a pronoun, common noun, or proper noun. The use of $nō$, $nā$ is the same as that of $tō$, $tā$ with the possessive adjective in §37. Examples:

'E haere vau 'e rave mai 'i te puta nā 'oe.
I shall go and get a book for you.
'E haere vau 'e ho'o mai 'i te va'a nō 'oe.
I shall go and buy a canoe for you.
'E haere au 'e ti'i 'i te mā'a nā te 'uri.
I shall go and get some food for the dog.
'E haere au 'e ti'i 'i te tia'a nō tā'u vahine.
I shall go and get some shoes for my wife.

OPTIONAL PHRASES

84. Accompaniment

In Tahitian, accompaniment (= with) may be conveyed in three different ways, as follows:

(i) *e*

Examples:
'E haere au 'e ōri haere e tā'u 'uri.
I am going for a walk with my dog.
'E haere au 'i te 'oire e taua ta'ata ra.
I shall go to town with that man.
'Ua reva ātu vau e 'o Peu.
I left with Peu.

(ii) *nā muri iho*

This form is synonymous with *e*. Examples:
'Ua ōri haere vau nā muri iho 'ia 'oe.
I went for a walk with you.
'Ua reva ātu 'o Peu nā muri iho 'ia Teri'i.
Peu left with Terii.

(iii) When the one who accompanies is a third person or persons, a pronominal form is often used. Thus:
'Ua reva ātu māua 'o Peu.
I left with Peu.
'Ua reva ātu Peu rāua 'o Teri'i.
Peu left with Terii.

85. Manner

The manner adverb, telling "how the action was done", is always placed immediately after the verb stem and even before the passive marker *hia*. Manner prepositional phrases, however, normally follow the subject.

Some common manner adverbs and prepositional manner phrases are:

vitiviti	quickly	*ma te puai*	strongly
maita'i	well	*mai*	like, as
ri'i	a little	*nā ni'a*	by
taere	slowly	*nā roto*	by means of

Examples:
'Ua horo vitiviti 'oia.
He ran fast.
'Ua papu'a maita'i te 'a'ahu 'o'omo.
The shirt was well washed.

'Ia paraparau ri'i ihoa tāua 'i te reo Tahiti.
We must speak Tahitian a little.
'Ua ta'iri maita'i hia vau.
I was well beaten.
'Ua roa'a 'iāna te rē nā roto 'i tōna ītoīto.
He won through his courage.
'Ua 'āu 'oia ma te puai.
He swam strongly.
Mai 'ia 'oe 'ato'a te hoho'a 'ō tā 'oe tamaiti.
Your son is like you.
Mai tō'u tō 'oe tāupo'o.
Your hat is like mine.
'Ua reva ātu 'oia nā ni'a 'i te manureva.
He left by plane.

With non-verbal sentences:
'E mea taere tāna tāmā'a.
He eats slowly.
'E mea vitiviti tāna horo.
He runs fast.

Manner is also conveyed by the following construction:

mai te + verb + *hia*

Example:
'Ua manuia 'oia mai te tauturu hia 'e tōna metua tāne.
He succeeded with the help of his father.

This construction does not occur often in conversation, and its usage sometimes suggests accompaniment, as in the following sentence:
'E tupu ia te tahi 'orira'a hanahana mai te peretiteni hia 'e te tavana rahi.
There is a grand ball, with the Governor as guest of honour.

86. Exercise

(a) Translate into English:
1. 'E haere vau 'e rave mai 'i te mā'a nā tā'u 'uri. 2. 'E ho'o mai vau 'i te parahira'a nō tō'u fare. 3. 'Ua rave mai vau 'i te hō'e va'a nō 'oe. 4. 'E horo'a ātu 'outou 'i te tao'a nā te pōti'i. 5. 'Ua haere 'oia 'i te 'oire e tāna 'uri. 6. 'Ua 'āu maita'i 'oia. 7. 'Ua haere 'oi'oi 'oia 'e tai'a. 8. 'E mea maita'i tāna 'āura'a. 9. Nā'u tēra puta. 10. 'Ua ho'o mai vau 'i te hō'e pua'a nā tō'u na metua.

OPTIONAL PHRASES 69

(b) Translate into Tahitian:
1. I shall buy a hat for you. 2. He bought a fish for his wife. 3. I bought some fish for the feast. 4. They (pl.) got the book for me. 5. That book is for Terii. 6. I went to town with Peu. 7. He swam with his dog. 8. He swam fast. 9. He is swimming fast. 10. I made this canoe for you.

Lesson 16

PURPOSE AND CAUSE

Two important phrase types in Tahitian are the purpose and cause phrases, which correspond to the English "in order to" and "because".

87. Purpose

There are four methods of indicating purpose in Tahitian, as follows:
   nō te + verb ± -ra'a*
   'ia + verb
   'e + verb
   noun + verb

(i) nō te + verb

This form is used when purpose is stressed, when the subject of both verbs is the same. Examples:
   'Ua haere 'oia nō te rave mai 'i te farāoa.
   He went in order to get some bread.
   'Ua rave 'oia 'i te to'i nō te tāpū 'i te vahie.
   He took an axe in order to cut the wood.
   Nō te hamanira'a 'i te pcu.
   In order to make the posts.

(ii) 'ia + verb

This form is used when the subject of both verbs is not the same. Examples:
   Te 'āu ra 'oia 'ia riro te rē 'iāna.
   He swam so that the prize might go to him.
   'Ua ha'amaramarama maita'i vau 'iāna 'ia papū maita'i 'oia.
   I explained carefully so that he would understand fully.

* The form without -ra'a occurs more frequently, but either construction may be used, according to preference.

(iii) *'e* + verb

This form is used when consequence rather than purpose is expressed. Examples:
'Ua haere 'oia 'e pa'imi 'i te pua'a.
He went to look for the pigs.
Te haere nei tō'u metua tāne 'e pīpī 'i te tiare.
My father is going to water the flowers.

(iv) noun + verb

When the subject and purpose are closely linked, the verb immediately follows the noun and fills the role of an adjective. Examples:
'E tipi tāpū 'ina'i pua'atoro tera.
That knife is for cutting meat.
'E mau 'uri āuā'u pua'a tera.
Those dogs are for hunting pigs.

Note that a verb + -*ra'a* may also follow a noun as a modifier without overtones of purpose. Examples:
te parau fa'a'itera'a
the explanatory words
te taime tanura'a
the planting season

88. Cause

In Tahitian there are three methods of indicating cause, as follows:
nō te mea
nō + possessive adjective + verb + -*ra'a*
nā roto 'i

(i) *nō te mea*

This is the form most commonly used to indicate cause. Examples:
'Ua 'iria 'oia nō te mea 'ua parari 'ia'u te hi'o nō te ha'amaramarama.
He is angry because I broke the window-panes.
'Ua ma'i hia vau nō te mea 'ua 'amu vau 'i te i'a ta'aero.
I am sick because I ate bad fish.
'I tāpū na vau 'i te vahie nō te mea 'aita 'e vahie nō te tunura'a 'i te mā'a.
I cut the wood because there was no wood to cook the food.

(ii) *nō* + possessive adjective + verb + -*ra'a*

Examples:
'Ua 'oa'oa 'oia nō tōna revara'a 'i Tahiti.
He is happy because he is going to Tahiti.
(Lit. he is happy with his going to Tahiti)

'Ua ma'i hia vau nō tō'u 'amura'a 'i te i'a ta'aero.
I am sick because I ate bad fish.

(iii) *nā roto 'i*

Example:
'Ua rave au nā roto 'i tō'u here 'iāna.
I did it because I love her.
(Lit. I did it in my loving her)

These three forms may be used one for the other, although the first form is the most common in conversational Tahitian.

89. Exercise

(a) Translate into English:
1. *'Ua haere rātou nō te rave mai 'i te farāoa.* 2. *'Ua haere 'o Teri'i 'e tāpū 'i te vahie.* 3. *'Ua haere vau nō te mea 'ua hina'aro vau 'i te puta.* 4. *'Ua fa'aea 'oia 'i te fare nō te mea 'e ūa.* 5. *'E mea āu nā'u nō te mea 'e tiare nehenehe tēra.* 6. *'Ua reva ātu 'oia nō te ōri haere.* 7. *'Ua ta'oto noa 'oia nō te mea 'ua rohirohi 'oia.* 8. *'Ua rave vau 'i te 'ohipa nō te orara'a.* 9. *Te hamani ra 'oia 'i te poti 'ia nehenehe tāna 'e haere 'e taī'a.* 10. *'Ua haere ātu 'oia 'i te hora 'ahuru ma piti nō te mea 'e tāmā'a 'oia 'i ō Teri'i tāne.*

(b) Translate into Tahitian:
1. He went to get some fish. 2. He took the hammer to build the house. 3. He bought some yams to give to his mother. 4. He is angry because I ate his fish. 5. I am happy because he is coming. 6. I like her because she is beautiful. 7. He still sat down because he was tired. 8. The leaves fell because the wind was strong. 9. He went bathing in the sea because it was hot. 10. He will go to town to see his friend.

Lesson 17

IMPERATIVES

90. The Three Degrees of Imperative

There are three degrees of imperative in Tahitian, each with its own form, as follows:

(i) *a* + verb

This is the strongest form, which is in fact an absolute command. It is formed by preceding any verb stem by the imperative particle *a*. Examples:

    A tāmā'a!   Eat!
or *A tāmā'a 'oe!*   Eat (you)!

(The verb may be followed by the subject for the sake of clarity.)

    A horo'a ātu tēra puta 'iāna! Give him that book!
    A hi'o na 'i tēra vāhi!   Look at that place!

The negative or prohibitive form is:

    'eiaha + *'e* + verb

Example:

    'Eiaha 'e 'amu 'i teie ūfi.   Do not eat this yam.

(ii) *'e* + verb

This imperative form is not an absolute command, but rather an imperative of persuasion. Example:

    'E haere tāua.   Let us (two) go.
    'E haere mai 'outou.   Come here.

(iii) *'ia* + verb

This is the exhortative form of the imperative, "let us, let them", etc. Examples:

    'Ia tāpe'a maita'i 'ona 'i teie tao'a.
    May he look after this present.
    'Ia tāpū 'oia 'i te vahie.
    May he cut the wood.

'Eiaha forms the negative, as with the preceding two forms. Example:

    'Eiaha 'oia 'ia pa'imi 'i te pua'a.
    May he not seek the pigs.

91. Exercise

(a) Translate into English:
1. *A tāpū 'i te vahie.* 2. *A hi'o na!* 3. *'Eiaha 'e ta'i.* 4. *'Ia here rātou 'i te pōti'i.* 5. *'Eiaha 'e 'āu 'i teie vāhi.* 6. *A parahi.* 7. *A ti'a.* 8. *'Eiaha 'e rave 'i te tipi.* 9. *'Eiaha 'e pafa'i 'i te 'aute.* 10. *'Ia ho'i mai 'oe 'i te hora pae.*

(b) Translate into Tahitian:
1. Eat those yams. 2. Do not hit the dog. 3. Give me that book. 4. May they (pl.) be happy! 5. Do not run fast. 6. Go and get some fish at the market. 7. Grate the coconut. 8. Do not forget to get the theatre tickets. 9. Let us (dl inc.) go and get the boat this afternoon. 10. Let us (pl. inc.) prepare for the arrival of the Governor.

92. Arrival in Tahiti

Vocabulary:

te tahua taura'a manureva	the airport
te taiete	the society, company
te horo patete	the passenger
te vāhi fa'ari'ira'a	the reception area
te rātere	the tourist
ātea	distant, far away
'oia ho'i	namely
Marite	U.S.A.
Farāni	France
Niu Terani	New Zealand
te haere mai nei	who approaches
te tauiha'a	the baggage, suitcase
te pere'o'o	the taxi, car
te hotera	the hotel
āni	to ask
'e nehenehe anei tā 'oe 'e rave 'ia'u?	can you take me?
te ta'ata-fa'ahoro-pere'o'o	the taxi driver
'afa'i	to transport
fa'a'ite	to tell, explain
fa'ahoro	to convey, drive
tei hea?	where?
hava'i	to put, deposit

Translate:
'I teie taime te tae nei tātou 'i te tahua taura'a manureva nō Tahiti Fa'a'a. 'I te hora hitu e te āfa te tae mai nei te manureva UTA nō te

taiete Farāni 'i te taura'a manureva nō Tahiti Fa'a'a. 'I teie taime te haere mai nei te mau horo patete nō te manureva UTA 'i roto 'i te vāhi fa'ari'ira'a nō te mau rātere. Te 'ite nei au 'e raverahi mau rātere nō te mau fenua ātea mai, 'oia ho'i, nō te fenua Farāni, nō te fenua Marite mai, nō te fenua Europa mai, e nō te fenua Niu Terani 'ato'a. Te 'ite nei vau 'i te hō'e ta'ata te haere mai nei e tāna mau tauiha'a. Te hina'aro nei 'oia 'e rave 'i te hō'e pere'o'o nō te haere 'i tōna hotera. Te āni nei teie ta'ata rātere 'i te hō'e ta'ata-fa'ahoro-pere'o'o nō te 'afa'i ātu 'iāna 'i te 'oire, te vāhi tei reira tōna hotera. Te āni nei 'oia 'i teie ta'ata-fa'ahoro-pere'o'o:

"A fa'a'ite mai na 'oe 'ia'u, 'e nehenehe anei tā 'oe 'e rave 'ia'u nō te fa'ahoro ātu 'i te hotera?"
"E, 'e nehenehe roa, 'e haere tāua. Tei hea tō 'oe mau tauiha'a?"
"Teie, 'e nehenehe tā 'oe 'e rave."
"'E hava'i vau 'i roto 'i te pere'o'o, 'e haere tāua 'i tō 'oe hotera 'i Pape'ete."

Lesson 18

THE INTERROGATIVE I

93. Yes?, No?

For questions expecting the answer "yes" or "no", the interrogative marker is *anei*, which immediately follows the verb in affirmative sentences. The word order is:

    verb + interrogative + subject

Examples:
    'Ua 'āu anei 'ona 'inanahi ra?
    Did he swim yesterday?
    'Ua hohoni hia anei te ta'ata 'e te 'uri?
    Was the man bitten by the dog?
    Te ta'oto nei anei 'o Teri'i?
    Is Terii sleeping?
    'E ta'urua anei tō 'ananahi?
    Will there be a feast tomorrow?
    'E mea 'uo'uo anei tēra manu?
    Is that bird white?

It should be noted that *anei*, although following the verb, is preceded by adverbs or directionals whenever they occur. Example:
    'Ua horo 'oi'oi mai anei 'oe?
    Did you run here fast?

With the negative interrogative "did you not?", the word order is the same as for any negative sentence, *anei* following the negative particle to give the following formula:

    negative + *anei* + subject + verb

Examples:
    'Aita anei 'oe 'i ta'iri 'iāna?
    Did you not hit him?
    'Aita anei te mau feiā tu'e-popo nō Rai'ātea 'i tae mai?
    Didn't the footballers from Raiatea arrive?
    'E 'ere anei 'i tō 'oe mana'o?
    Is it not your idea?

94. Interrogative Subject

There are three methods of asking the question "who?" or "what?" in Tahitian, as follows:

(i) *'o vai* + noun or pronoun (who?)
'e aha + noun or pronoun (what?)

Examples:
'O vai tēra ta'ata?	Who is that man?
'O vai 'oia?	Who is he?
'O vai 'o* 'oe?	Who are you?
'O vai mā taua feiā ra?	Who are those people?
'E aha tēra tumu rā'au?	What is that tree?

(ii) *'o vai* + noun + $\begin{bmatrix} tei \\ te \end{bmatrix}$

With verbal interrogative sentences, there remains the same interrogative, *'o vai*, plus the relative particle *tei* or *te*. *Te* is used with verbs in the present continuous or future tense, while *tei* is used elsewhere. Examples:

'O vai tei 'ite 'i te 'au?
Who knows how to swim?
'O vai tei horo'a ātu 'i te puta nā 'oe?
Who gave you the book?
'O vai te vahine tei tunu 'i te ūfi?
Which woman prepared the yams?
'O vai te ta'ata tei horo'a hia te puta 'e te tavana?
Which person was given the book by the chief?

With present and future tense, *te* may be replaced by *'e* in conversation. Examples:

'O vai te vahine 'e tunu 'i te ūfi 'ananahi?
Which woman will prepare the yams tomorrow?
'O vai tēra ta'ata 'e 'au ra?
Who is that person swimming?

(iii) *nā vai* + *'i* + verb

This interrogative form translates literally "by whom?", but serves the same purpose as *'o vai* above. This form, however, is used only with transitive verbs. Examples:

Nā vai 'i rave tā'u peni-pāpa'i?†
Who took my ballpoint pen?

---
* Cf. §11, the third usage of *'o*.
† Cf. §47, second footnote.

Nā vai 'i horo'a ātu 'i tāna 'ava'ava?
Who gave him his cigarettes?

95. Interrogative Non-Subject

The non-subject interrogatives ask such questions as "whom?" "which?" "to whom?" "whose?" "by whom?"

(i) *'o vai* + possessive adjective (whom?)
    tehia + noun (which?)

Examples:
'O vai tā 'oe 'e 'ite ra?
Whom do you see?
'O vai tā 'oe 'i horo'a ātu 'i te puta?
To whom did you give the book?

(It should be observed that the possessive adjective always takes the *tā* form, and that *'e* indicates present or future tense, while *'i* indicates past tense.)

'O vai tā rātou 'e here?
Whom do they like?
'O vai tā te tavana 'e here?
Whom does the chief like?
Tehia tā 'oe 'e hina'aro?
Which one do you want?
Tehia piripou tā 'oe 'e hina'aro?
Which trousers do you want?

(ii) *'ia vai* (to whom?)
    'i tehia ta'ata (to which person?)

Examples:
'Ua horo'a hia 'ia vai ra te puta?
To whom was the book given?
'Ua horo'a 'oe 'i te puta 'ia vai ra?
To whom did you give the book?
'Ua horo'a 'oe 'i te puta 'i tehia ta'ata?
To which person did you give the book?

(iii) *nō vai; nā vai* (whose?)
    nō tehia ta'ata; nā tehia ta'ata (whose?)
    'o tō vai; 'o tā vai (whose is?)

Examples:
Nō vai tēra va'a?
Whose is that canoe?
Nā vai tēra puta?
Whose is that book?

THE INTERROGATIVE I 79

This is the most common form of "whose?" in conversational Tahitian, the choice of *nō* or *nā* being determined by the same rules as for possessive adjectives (cf. §36).
Nō tehia ta'ata te piripou nei?
Whose are these trousers?
Nā tehia ta'ata te puta nei?
Whose is this book?
(Lit. of which person is this book?)
'Ō tō vai te va'a maita'i ā'e?
Whose is the best canoe?
'Ō tā vai te fa'a'apu rahi ā'e?
Whose is the biggest plantation?
This last form (*'ō tō vai; 'ō tā vai*) is used best to translate "who has the ...", rather than "whose is ...", and is used only with this connotation.

(iv) *'e vai* (by whom?)
 'e tehia ta'ata (by which person?)

Examples:
'Ua rave hia tō 'oe tāupo'o 'e vai?
By whom was your hat stolen?
'Ua horo'a hia 'e tehia ta'ata?
By whom was it given?
These forms are used only with the verb in the passive voice.

(v) *'i ō vai* (to, at whose place?)

Example:
'Ua haere 'oe 'i ō vai mā?
To whose place did you go?
'Ua haere vau 'i ō Teri'i mā.
I went to Terii's place.
Note that *mā* follows *vai* when a plurality is implied or suspected. (See §13 for the usage of *mā*.)

95. Exercise

(a) Translate into English:
1. *'E mea 'uo'uo anei tēra manu?* 2. *'E 'au anei 'oia 'ananahi?* 3. *'Ua ta'iri anei 'ona 'i tāna 'uri?* 4. *'O vai tēra vahine?* 5. *Nā vai 'i ta'iri 'i tā'u 'uri?* 6. *'O vai tei ta'i 'i roto 'i te piha?* 7. *'O vai te ta'ata 'e tu'u hia 'i roto 'i te fare 'auri?* 8. *'O vai te ta'ata tei horo'a hia te puta 'e te tavana?* 9. *'O vai tā 'oe 'e haere 'e hi'o?* 10. *Tehia i'a tā 'outou 'i rave?*

(b) Translate into Tahitian:
1. To whose place will they (pl.) go? 2. Which dog does he want? 3. Whose is that watch? 4. By whom was it taken? 5. Whose is that car? 6. To whom did they (dl) give the present? 7. Who is that man? 8. Who hit the dog? 9. Whom did you see in town? 10. Who took the bread?

97. The Post Office

Vocabulary:

te fare rata	the post office	nā mua	first
te rātere	the tourist	horo'a	to give
hapono	to send, post	te farāne	the franc
te rata	the letter	e	yes
te afata tauiha'a	the parcel	'aita	no
tomo	to enter	ahiri	well then
'ite	to see	te tiro	the kilogram
āni	to ask	te tāra	5 francs CFP
'e mea nafea?	how?	te manureva	the aeroplane
'e aha te huru?	how are things?	maurūru	thank you
'eiaha 'e rū	don't panic	'oa'oa	to be pleased
faito	to weigh	nō te mea	because
hi'o	to observe, see		
'e aha tā 'oe 'e haere mai ai?		what have you come for?	

Translate:

'I teie po'ipo'i 'ua haere te hō'e rātere 'i te fare rata nō te hapono 'i tāna rata 'i te fenua Marite e tāna 'ato'a afata tauiha'a. 'I teie taime te tomo nei 'ona 'i roto 'i te fare rata. Te 'ite nei 'oia 'i te hō'e pōti'i purotu nō te fare rata. 'I teie nei te āni ra 'oia 'i taua pōti'i ra 'e mea nafea 'ia hapono 'i tāna rata e tāna afata tauiha'a.

"'Ia ora na 'oe 'e teie pōti'i purotu. 'E aha te huru 'i teie po'ipo'i?"

"Maita'i roa. 'E aha tā 'oe 'e haere mai nei?"

"Te haere mai nei vau nō te hapono 'i tā'u nau rata 'e piti e tā'u afata tauiha'a 'i te fenua Marite."

"'Eiaha 'e rū, 'e faito vau 'i tā 'oe nau rata nā mua. A horo'a mai tā 'oe nau rata. Nō teie 'e piti nau rata 'e toru 'ahuru ma piti farāne. 'E mea hapono 'ato'a teie afata tā 'oe?"

"E, 'e mea hapono 'ato'a 'i te fenua Marite."

"Ahiri, a horo'a mai 'e faito vau. 'E piti tiro teie afata tā 'oe, 'e hō'e hanere tāra e maha 'ahuru te moni nō teie afata nō te haponora'a nā ni'a 'i te manureva."

"Maurūru 'ia 'oe 'e teie pōti'i purotu. Te 'oa'oa nei au nō te mea 'i tō'u haerera'a mai 'i roto 'i teie fare rata, 'ia hi'o vau 'o 'oe āna'e te pōti'i purotu roa."

Lesson 19

THE INTERROGATIVE II

This second lesson on the Tahitian interrogatives deals with the questions "why?", "where?", "when?", "how?", "what?".

98. Why?

There are three ways of asking the question "why"?, as follows:

(i) *nō te aha . . . ai*

Examples:
Nō te aha 'oe 'i horo'a ātu ai 'i te puta 'iāna?
Why did you give him the book?
Nō te aha 'ona 'i maoro ai 'i tāna 'ohipa 'inanahi?
Why was he late for work yesterday?
Nō te aha te fenua 'i haumi ai?
Why is the ground wet?

Note that non-verbal sentences become verbalised when the question "why?" is asked, and that the directional *ai* always follows the verb.

(ii) *'e aha . . . ai*

This form is exactly the same as the last, but more colloquial.
Examples:
'E aha 'oe 'e 'āu ai?
Why are you swimming?
'E aha tēra ta'ata 'i parahi noa ai?
Why is that man still sitting down?

(iii) *'e aha te tumu . . . ai*

This form asks "for what reason?" Example:
'E aha te tumu rātou 'i tae mai ai 'i 'onei?
Why have they come here?

With the negative interrogative, "why not?", there is a special construction, as follows:
    interrogative ... *'ore ai 'e* + verb
Examples:
    Nō te aha 'oe 'e 'ore ai 'e 'āu?
    Why don't you swim?
    Nō te aha 'oe 'i 'ore ai 'e tunu 'i te mā'a?
    Why didn't you prepare the food?

99. Where?

There are several methods of asking "where?" Each method will be explained in turn.
    (i) *tei hea* + noun

This is the fixed formula for non-verbal sentences. Examples:
    Tei hea te fare toa?   Where is the shop?
    Tei hea te pōti'i?   Where is the girl?

    (ii) With verbal sentences, past tense, there are two constructions, although the same question marker is used.

$$\begin{bmatrix} \text{'i hea} \\ \text{tei hea} \end{bmatrix} + \text{'i te} + \text{verb} + \text{-ra'a}$$

$$\begin{bmatrix} \text{'i hea} \\ \text{tei hea} \end{bmatrix} + \text{possessive adjective} + \text{verb} + \text{-ra'a}$$

Examples:
    'I hea 'ona 'i te 'āura'a 'inanahi?
    Where did he swim yesterday?
    'I hea 'ona 'i te tahunara'a 'i te puta?
    Where did he hide the book?
    'I hea tōna 'āura'a 'inanahi ra?
    Where did he swim yesterday?
    'I hea tō 'oe vaihora'a 'i te puta?
    Where did you put the book?
    'I hea tō te vahine vaihora'a 'i te puta?
    Where did the woman put the book?

It should be noted that the *tō* form of the possessive adjective is used, and that the two constructions above may be used interchangeably.

    (iii) With verbal sentences, future and present tense, there is a different construction:

$$\begin{bmatrix} \text{'i hea} \\ \text{'ei hea} \end{bmatrix} + \text{subject} + \text{'e} + \text{verb} \ldots \text{ai}$$

THE INTERROGATIVE II

Examples:
    'Ei hea 'o 'oe 'e tāmā'a ai 'i teie pō?
    Where will you eat tonight?
    'I hea 'ona 'e 'āu ai?
    Where will he swim?

(iv) Where to?

This question is indicated simply by placing *'i hea* after the verb.
Example:
    'e haere 'oe 'i hea?   Where are you going?

(v) Where from?

This question is usually asked in a non-verbal way. Thus:
    Mai hea mai 'oe?   Where do you come from?
Or: *Nō hea tēra pahi?*   Where is that boat from?

100. When?

There are three methods of asking the question "when?" in Tahitian.

(i) $\begin{bmatrix} afea \\ ahea \\ anafea \end{bmatrix}$ + future tense + *ai*

Any of these three question markers may be used without distinction. Examples:
    Anafea 'oia 'e reva ai?   When will he leave?
    Afea rātou 'e ta'oto ai?   When will they sleep?
    Afea 'o 'oe 'e ho'i mai ai?   When will you come back?

(ii) $\begin{bmatrix} inafea \\ 'i\ anafea \end{bmatrix}$ + past tense + *ai*

Either of these question markers may be used without distinction. Example:
    'I anafea 'oia 'i reva ātu ai?.   When did he leave?

Note that with the past tense, the nominalised form of the verb is also used, as in:
    Inafea tō 'oe haerera'a 'e taī'a?
    When did you go fishing?

In such cases, the *tō* form of the possessive adjective is used, as in §99.

(iii) *'e aha te taime ... ai*

This is a general interrogative and may be used without tense distinction. Example:
    'E aha te taime 'ona 'i ta'iri ai 'i te 'uri?
    When did he hit the dog?

101. How?

There are two methods of asking "how?" in Tahitian, as follows:

(i) $\begin{bmatrix} \text{'ua nafea} \\ \text{'e nafea} \\ \text{te nafea ra} \end{bmatrix}$ + subject + *'i te* + verb

The form with *'ua* indicates past tense, with *'e* the future, and with *te ... ra* the present. Examples:

'Ua nafea rātou 'i te rave?
How did they do it?
'Ua nafea rātou 'i te hamani 'i te fare?
How did they build the house?
'E nafea rātou 'i te rave?
How will they do it?
'E nafea rātou 'i te hamanira'a* 'i te fare?
How will they build the house?
Te nafea ra 'oe 'i te hamanira'a 'i te fare?
How are you building the house?

(ii) $\begin{bmatrix} \text{'e mea nafea} \\ \text{'e nafea} \\ \text{te nafea ra} \end{bmatrix}$ + $\begin{bmatrix} tō \\ tā \end{bmatrix}$ + subject + verb + -*ra'a*

'E mea nafea indicates past tense, while *'e nafea* and *te nafea ra* are as explained in §101(i).

The use of *tō* and *tā* is important. When the *tō* form is used the nuance of the question is "how did you manage to?", while the *tā* form is more direct, and expects an answer of the type "with an axe, with a hammer". Examples:

'E mea nafea tā rātou ravera'a?
How did they do it?
'E mea nafea tā rātou hamanira'a 'i te fare?
How did they build the house?
'E nafea tā rātou ravera'a?
How will they do it?
Te nafea ra tō 'oe hamanira'a 'i te fare?
How are you building the house?

102. What?

With non-verbal sentences, "what?" is translated by *'e aha* plus noun, pronoun, or demonstrative. Examples:

'E aha tēra?   What is that?
'E aha tēra tumu rā'au? What is that tree?

---
* The -*ra'a* form is often used when the direct object of the verb is stated.

THE INTERROGATIVE II

With verbal sentences, the form is *'e aha* plus possessive adjective plus verb. Examples:
  'E aha tā 'oe 'e rave ra?
  What are you doing there?
  'E aha tā 'oe 'e hi'o ra?
  What are you looking at there?
  'E aha tā 'oe 'i 'ite 'inanahi ra?
  What did you see yesterday?
  'E aha tā 'oe 'e 'ite 'ananahi?
  What will you see tomorrow?

There is an idiomatic expression for "what are you doing?", "how will you be fixed?" etc. as follows:

Te aha na 'oe?	What are you doing?
'I aha na 'oe?	How were you?
'E aha 'oe 'ananahi?	How will you be fixed?
Also: *'E aha tō 'oe?*	What's the matter with you?
'E aha tōna?	What's the matter with him?

"What with?", is rendered by *'i te aha?* Example:
  'Ua ta'iri 'oia 'i te aha? What did he hit it with?
"By what?" is translated by *'e te aha?* Example:
  'Ua pātia hia 'oe 'e te aha? By what were you pricked?

103. Exercise

(a) Translate into English:
1. *Nō te aha rātou 'e 'āu ai?* 2. *Nō te aha 'ona 'i ta'iri ai 'i te 'uri?* 3. *Nō te aha te 'uri 'i taparahi hia ai?* 4. *Tei hea tōna vaihora'a 'i te puta?* 5. *'E haere te vahine 'i hea?* 6. *'E haere 'o 'oe ihea 'i teie nei?* 7. *'E aha tā tātou 'ohipa 'i teie pō?* 8. *Inafea 'oia 'i horo'a ātu ai 'i te puta?* 9. *'E mea nafea tā rātou hamanira'a 'i te va'a?* 10. *'E aha tā 'outou 'e 'amu ra?*

(b) Translate into Tahitian:
1. Why did they take it? 2. Why did you come? 3. Where is the post office? 4. Where did you go yesterday? 5. When did the woman sleep? 6. Where are you from? 7. What is your name? 8. How did they kill the shark? 9. What did you give them? 10. Where is your hat?

104. Conversation

Vocabulary:
'i hea?	where?
ho'o mai	to buy
noa	only, always

te fē'i	the red bananas
te 'umara	the sweet potato
te ūfi	the yam
ri'i	a little
afea?	when?
'e riro paha	perhaps
te maorora'a	the duration, length
'aore ra	or
nō te mea	because
te hoa	the friend
pāpa'i	to write
mai te mea	if, whether
hina'aro	to want
fa'afa'aea	to remain, stay
'e nehenehe roa tā māua	we can
fa'aoti	to conclude, end
paraparau	to talk, chat
tia'i	to wait
te vahine-fa'aipoipo	the wife
tunu	to prepare
te mā'a	the food
'i teie mahāna	now, today

Translate:

"*'I hea 'oe 'i teie mahāna?*"

"*'Ua haere au 'i te mātete 'e ho'o mai 'i te ī'a. 'Ua tae vau 'i te mātete, 'aita 'e ī'a. 'Ua rave noa mai vau 'i te mau fē'i, te 'umura, te ūfi. E 'o 'oe, 'i hea 'oe 'i teie mahāna?*"

"*'Ua haere vau 'e 'āu nō te mea 'aita tā'u 'e 'ohipa 'i teie mahāna. 'Ua mana'o vau 'e haere 'e 'āu ri'i. Afea 'outou 'e haere ai 'i Ra'iātea?*"

"*Te mana'o nei vau 'e riro paha 'i teie hepetoma 'i mua nei. 'Ei reira mātou 'e haere ātu ai 'i Ra'iātea. Te maorora'a 'e riro paha 'e piti 'aore ra 'e toru 'ava'e. E 'outou? 'E haere 'outou 'i hea 'i teie mau mahāna 'i mua nei?*"

"*Te mana'o nei māua 'e haere ātu 'i te mau motu Matuita mā, nō te mea te vai ra te tahi mau hoa tō māua 'o tei pāpa'i mai, mai te mea 'e hina'aro māua 'i te haere 'e fa'afa'aea te tahi mau mahāna 'i Matuita. 'E nehenehe roa tā māua 'e reva ātu 'i te fenua Matuita.*"

"*'I teie taime te mana'o nei vau 'ua tae 'i te hora nō te haerera'a 'e 'āu. Nō reira, te hina'aro nei vau 'e fa'aoti 'i tā tāua paraparaura'a. Te mana'o 'ato'a nei vau ē, te tia'i noa mai ra tā 'oe vahine fa'aipoipo 'i te fare nō te tunu 'i te mā'a. 'E tāmā'a maita'i ia 'ōrua 'i teie mahāna.*"

Lesson 20

DEPENDENT SENTENCES I

105. Dependent Subject

The first type of dependent sentence to be explained is what is often called "the relative clause or sentence", of the type "I saw the man who took the book".

There are several constructions in Tahitian, dependent on tense, and on whether the verb in the dependent clause describes an action or a state.

(i) With sentences beginning with "it is they who . . .", "it is you who . . .", etc., the relative pronouns are *tei* (past tense) and *te* (future tense and present continuous). Examples:

'O vau te taora 'i te 'ofa'i.
It is I who will throw stones.
'O vau tei taora 'i te 'ofa'i 'inanahi ra.
It is I who threw stones yesterday.
'O vau te parau nei.
It is I who am speaking.

(ii) With sentences beginning with "I saw the man who . . .", "I saw the dog that . . .", in other words, when the main clause contains a verb in Tahitian, the construction used depends on the tense of the dependent clause.

When the verb of the dependent clause is in the present or past continuous, the forms are:

'e + verb + *nei* (present)
'e + verb + *ra* (past)

In this case, *nei* indicates proximity to the speaker, while *ra* indicates that the action takes place further away. Examples:

Te 'ite ra vau 'i hō'e vahine 'e 'aū ra.
I saw a woman who was swimming.
A hi'o na 'oe 'i te mau manu 'e ma'ue nei.
Look at the birds which are flying.

When the verb of the dependent clause is in the past tense, there are two possibilities. If a completed action is described, then *'o tei* is the relative pronoun used. Example:
  'E ā'o 'oe 'i te tamaiti 'o tei taora mai 'i te 'ofa'i.
  You will correct the boy who threw the stone.

If the action described in the dependent clause is a state, rather than an action, such as "I saw the boy throwing a stone" as opposed to "I saw the boy who threw the stone", then the following construction is used:

  ... *'i te* + verb + *ra'a*

Examples:
  'Ua 'ite au 'i te hō'e ta'ata 'i te tāpūra'a 'i te vahie.
  I saw the man cutting the wood.
  'Ua 'ite au 'i te hō'e ta'ata 'i te horo'ara'a 'i te mā'a nā te 'uri.
  I saw a man giving food to the dog.
  Te fa'aro'o nei au 'i te 'aiū 'i te ta'ira'a.
  I hear the baby crying.

When the verb of the dependent clause is in the future tense, the relative pronoun *'o te* is used. Examples:
  Te ta'ata 'o te 'ia 'e fa'ahapa hia 'oia 'e te ture.
  The person who steals will be punished by the law.
  'O vai 'o te paraparau nō te ha'amaurūrura'a 'i te mau manihini?
  Who will speak to thank the guests?

(iii) When the verb of the dependent clause is in the passive voice, there are two possibilities, *tei* or *'i*, for the past, and also two, *te* or *'e*, for the future tense or present continuous. Examples:
  'Ua inu vau 'i te rā'au tei horo'a hia nā te pōti'i.
  I drank the medicine that was given to the girl.
  'Ua 'ite vau 'i te tao'a te horo'a hia nā te tavana.
  I have seen the present that will be given to the chief.

It should be noted that *'o tei*, *'o te* may be replaced by *tei*, *te* without distinction.

106. Dependent Non-subject

This type of dependent clause is the one in which the subject is not the actor, as was the case in §105. It is found in sentences of the type "the man whom we ...." The relative pronoun, in this case, is replaced by the possessive adjective *tā* or *'o tā* plus noun or pronoun. To the verb is added *'i* for past tense, *'e* for present or future. Examples:
  'E inu vau 'i te pia tā'u 'e āu maita'i.
  I shall drink the beer that I like.

DEPENDENT SENTENCES I

'Ua 'ite au 'i te tao'a tā rātou 'i horo'a ātu nā te tavana.
I saw the gift they gave to the chief.
'Ua 'ite au 'i te tao'a tā te vahine 'i horo'a ātu 'i te tavana.
I saw the gift that the woman gave to the chief.

It should be noted that the English "to whom was given", etc., is translated in Tahitian by "who was given", similar in structure to the dependent clauses of §105(iii). Example:

'Ua 'ite au 'i te ari'i 'o tei horo'a hia te maro 'ura.
I saw the king to whom the red belt was given.
(Lit. I saw the king who was given the red belt)

As was stated above, the student of Tahitian must consider Tahitian in its own terms if he is to think in Tahitian and not simply translate literally from his own mother tongue.

$$\begin{bmatrix} \text{'e tei} \\ \text{nā tei} \end{bmatrix}$$ by whom, which

This form is used mainly when the verb of the main clause is in the passive voice. Either 'e or nā may be used to indicate the agent. Example:

'Ua tāpe'a hia 'oia nā tei tapapa mai 'iāna.
He was stopped by the person who pursued him.

107. Exercise

(a) Translate into English:
1. 'O 'outou tei ta'iri 'ia'u 'inanahi ra. 2. 'Ua 'ite au 'i te hō'e ta'ata 'i te hamanira'a 'i te fare. 3. 'E ho'o mai vau 'i te 'uri 'o te horo'a hia nā rātou. 4. Tēra te fare tā'u 'e hina'aro. 5. Tēra te 'uri tā rātou 'i ho'o mai. 6. 'Ua 'ite au 'i te tāmuta tei hamani 'i tēra fare. 7. 'Ua haere vau 'e rave mai 'i te pua'a 'o te tupa'i hia nō te fa'aipoipora'a. 8. 'Ua 'ite au 'i te ta'ata 'o te pa'imi hia ra 'e te mau muto'i. 9. 'Ua 'ite hia 'e au te moni tā 'oe 'i mo'e. 10. 'E mea āu roa nā'u te pere'o'o tāna 'i ho'o mai.

(b) Translate into Tahitian:
1. It is you (pl.) who will build the boat. 2. I saw the man who hit your dog. 3. This is the girl who planted the flowers. 4. That is the girl whom we (pl. inc.) saw. 5. This is the letter that the chief wrote. 6. The person who wrote this book has left. 7. I met the girl who was married yesterday. 8. I saw Moana planting a coconut tree. 9. I went and watched my wife swimming. 10. It is they (dl) who went fishing for crayfish.

108. Visit to the Shops

Vocabulary:

fa'a'ite	to explain
te haerera'a	the visit
te fare toa	the shop
ho'o-haere	to shop
te tauiha'a	the purchase
hina'aro	to want
tomo	to enter
āni	to ask
te tamāhine-ho'oho'o	the shop assistant
horo'a	to give
te piripou	the trousers
ninamu	blue
'ehia moni?	how much?
te tāra	5 francs CFP
tehia?	which one?
'aufau	to pay
te 'ahu 'o'omo	the shirt
'eiaha 'e rū!	don't rush!
ti'i	to get, collect
rave	to take
pu'ohu	to wrap up
te fa'ari'i	the paper bag
maurūru	to thank
ha'amaramarama	to explain
te moni-ho'o	the price

Translate:

'I teie nei, teie te tahi mau parau fa'a'itera'a nō te haere 'i roto 'i te fare toa. 'I teie taime te haere nei tātou 'i roto 'i te hō'e fare toa nō te ho'o-haere 'i te mau tauiha'a tā tātou 'e hina'aro.

'I teie taime te tomo nei ia vau 'i roto 'i te fare toa, e te āni nei vau 'i teie tamāhine-ho'oho'o 'i roto 'i te fare toa:

"Te hina'aro nei vau 'i te hō'e piripou maita'i nō'u."

Te āni nei vau 'iāna, 'e horo'a mai tēra piripou ninamu. Te horo'a mai nei 'ona 'i teie taime.

"'Ehia moni 'i tēra piripou?"

"'E piti hanere tāra e pae hanere. Tehia tā 'oe 'e hina'aro?"

"'E hina'aro vau 'i tēra mea ninamu. 'Ehia moni?"

"'E piti hanere tāra."

"A horo'a mai tēra mea ninamu."

'Ua horo'a mai 'ona, e 'ua rave vau. 'Ua 'aufau vau 'i te moni 'e piti hanere tāra.

"Tēra tā 'oe moni. 'E horo'a 'ato'a mai 'oe 'i tēra 'ahu haviti 'i 'ō 'i tēra vāhi tā'u 'e 'ite nei. A horo'a mai na."

"'Eiaha 'e rū, 'e haere vau 'e ti'i. Tēra tā 'oe 'ahu. 'E hina'aro?"

"E, 'e hina'aro ihoa vau 'i tēra 'ahu. Fa'a'ite mai 'oe 'ia'u 'ehia moni."

"Teie te moni 'ō tēra 'ahu. Hō'e hānere tāra e toru 'ahuru."

"'E 'ere 'i te mea moni roa. 'E rave vau. A pu'ohu mai 'oe 'i te piripou e te 'ahu 'i roto 'i te tahi fa'ari'i. E, tēra mai te moni nō te 'ahu e te piripou.

"Te haere nei vau e maurūru roa 'ia 'oe, 'i te horo'ara'a mai 'i te mau parau ha'amaramarama nō ni'a 'i te mau moni-ho'o nō te 'ahu e te mau piripou nō te fare toa nei."

Lesson 21

DEPENDENT SENTENCES II

This type of dependent clause follows, for example, "I know", where the dependent clause is of the type "why he broke the window", "when he is coming".*

109. Why

"Why", introducing a dependent clause, is rendered by *nō te aha* in Tahitian. Examples:
    'Ua 'ite au nō te aha 'oia 'i haere ai 'e 'āu.
    I know why he went swimming.
    'Ua 'ite au nō te aha 'oia 'i hohoni hia 'e te ma'o.
    I know why he was bitten by the shark.

110. When

When the dependent clause precedes the main clause, "when" is *'ia* in Tahitian. Examples:
    'Ia oti tā rātou pafa'ira'a 'anani, 'e pou mai rātou.
    When their orange harvest is finished, they descend.
    'Ia marū te mata'i, 'e haere ai tāua 'e taī'a.
    When the wind has dropped, we will go fishing.
    'Ia te tavana 'i reva ātu, te paraparau noa ra ia te mau ta'ata.
    When the chief left, people were still talking.
    'Iāna 'i reva ātu, te ta'oto noa ra 'oe.
    When he left, you were still asleep.
    'Ia'u 'i parau, te parau 'ato'a ra 'oia.
    When I spoke, he was talking also.
Note that with this construction the object form of the pronoun is used to indicate the subject.

When the dependent clause is of the type which usually follows the main clause, there are two possible constructions:

* In strict linguistic terms, some of the clauses dealt with in this lesson would be considered to be types of complements, but, as they have similar structure patterns to the strict dependent clauses, (for pedagogical reasons) they are considered as such and will be all treated in this one lesson.

(i) $\begin{bmatrix} \text{'}i\ te\ mah\bar{a}na \\ \text{'}e\ aha\ te\ taime \end{bmatrix}$ + subject + verb

Examples:
  'Aita roa vau 'i 'ite 'i te mahāna 'oia 'e tae mai ai.
  I do not know when he will arrive.
  'Aita vau 'i 'ite 'e aha te taime 'oia 'e ho'i mai ai.
  I do not know when he will return.

(ii) *'i te mahāna* + *nō* + verb + *ra'a*

Example:
  'Aita vau 'i 'ite 'i te mahāna nō tōna taera'a mai.
  I do not know when he will return.

111. While, When

"While" is translated in Tahitian by the particle *'a* in the place of the ordinary tense markers. Examples:
  'I teie taime 'a parauparau ai vau nā roto 'i te reo 'ō Radio Tahiti, te 'ite nei vau 'i te hō'e ta'ata.
  At this moment while I speak on Radio Tahiti, I see a man.
  'i te 'ava'e 'a pohe ai 'oia
  in the month when he died

When two actions are performed simultaneously, *ma te* + verb is generally used to denote "at the same time as". Examples:
  'Ua ōri haere 'oia ma te inu 'i te pape.
  He walked along drinking water.
  Te ōri haere ra 'oia ma te hi'o 'i muri.
  He was walking along looking behind him.

When the second verb is thought of as a verb of motion, the formula *mai te* + verb + *mai* is used. Examples:
  'E pou mai rātou 'i raro mai te āmo mai 'i te 'anani.
  They descend bearing the oranges.
  Te haere pauroa te mau hui ra'atira mai te tāmau mai 'i te hei 'i ni'a 'i te ūpo'o.
  The people come wearing crowns of flowers on their heads.

112. How

"How" is rendered in Tahitian by:

  (i) Past: *'e mea nafea* + possessive adjective + verb + *ra'a*
  (ii) Future: *'e nafea* + subject + *'i te* + verb

Examples:
> 'Ua 'ite au 'e mea nafea tōna fa'afanaura'a 'i tā'u vahine.
> I know how he prepared for my wife's confinement.
> 'Aita vau 'i 'ite 'e nafea 'ona 'i te hamani 'i tōna fare.
> I do not know how he will build his house.

113. What

'E aha + possessive adjective + verb translates "what" in dependent clauses such as:
> 'Aita vau 'i 'ite 'e aha tāna 'e rave nei.
> I do not know what he is doing.
> 'Aita vau 'i 'ite 'e aha tāna 'ohipa 'inanahi ra.
> I do not know what he was doing yesterday.

114. Whether

"Whether" is indicated in Tahitian by *anei* following the verb of the dependent clause. Examples:
> 'Aita vau 'i 'ite 'e hohoni hia anei 'oia 'e te ma'o.
> I do not know if he will be bitten by a shark.
> 'Aita vau 'i 'ite 'e haere mai anei 'oia 'ananahi.
> I do not know if he will come tomorrow.

115. That

Ē (that), at the end of the main clause, introduces the dependent clause after verbs of knowing. Examples:
> 'Ua 'ite au ē 'ua reva ātu 'oia 'inanahi ra.
> I know that he left yesterday.
> 'Ua 'ite au ē 'e ma'i tō tēra ta'ata.
> I know that that man is sick.

With verbs of saying, however, the *ē* is frequently omitted. Example:
> 'Ua parau vau 'e haere mai te tavana.
> I said that the chief will come.

116. Since

There are two constructions which translate "since". They are as follows:

(i) *mai te mahāna* + subject + *'a* . . .

This construction is used when the subject precedes the verb in the dependent clause. Example:
> Mai te mahāna vau 'a tae mai ai 'i Tahiti, 'aita te fare 'i taui.
> Since I have arrived back in Tahiti, the house has not changed.

(ii) *mai te mahāna 'i* + verb + subject

This is used when the subject follows the verb in the dependent clause. Example:
mai te mahāna 'i reva ātu ai 'oe ...
since you left ...
The choice of construction rests with the individual.

117. Where

There are two non-interrogative forms for "where".

(i) where there is/are ...

This is translated in Tahitian by *tei reira* followed by a noun. Examples:
te fa'a tei reira te 'anani
the valley where the oranges are
te vāhi tei reira te hotera
the place where the hotel is

(ii) where + verb

In Tahitian there are two possible constructions to express "where" in a dependent clause; either verb + subject + *'i hea*, or *'i te vāhi* + possessive adjective. Examples:
'Aita vau 'i 'ite 'ua haere 'oia 'i hea.
I do not know where he went.
'Aita vau 'i 'ite 'e haere ra 'oia 'i hea.
I do not know where he is going.
Or: *'Aita vau 'i 'ite 'i te vāhi tāna 'i haere.*
I do not know where he went.
'Ua 'ite vau 'i te vāhi tāna 'e haere ra.
I know where he is going.
But: *'Aita vau 'i 'ite 'i te vāhi 'e haere ai 'oia.*
I do not know where he will go.
With future tense, the normal verbal construction plus *ai* is reverted to.

118. Exercise

(a) Translate into English:
1. *'Aita vau 'i 'ite 'i te mahāna rātou 'i tae mai ai.* 2. *'Ua 'āu 'outou ma te inu 'i te pia.* 3. *'Aita rātou 'i 'ite nō te aha 'oia 'i ta'i ai.* 4. *'Ua 'ite au nō te aha 'oia 'i mā'iti hia ai 'ei tavana.* 5. *Te parau ra te ta'ata ra, 'e ta'ata maita'i 'o 'oe.* 6. *'Aita tātou 'i 'ite 'e aha te taime 'oia 'e ho'i mai ai.* 7. *'Aita vau 'i 'ite 'e mea nafea 'i roa'a ai tāna pua'a.* 8. *'Aita 'oia 'i 'ite 'e haere mai anei rātou.* 9. *'E mana'o vau ē 'e 'ite 'oe 'i tā'u rata.* 10. *'Ua mana'o vau ē 'ua reva ātu 'oe.*

(b) Translate into Tahitian:
1. I know when he left. 2. He walked along eating an orange. 3. I do not know why he broke the glass. 4. I know when he built the house. 5. They (pl.) do not know why he left. 6. They know what I did yesterday. 7. I see that you have written to me. 8. He said that you are bad. 9. I think that he is strong. 10. I know how the girl broke the window-pane.

119. Copra

Vocabulary:

te pūha	the copra
hamani	to make
ha'aputu	to heap up
te ha'ari	the coconut
marō	dry
tāpūpū	to cut in two
te 'opa'a	the ripe coconut
te to'i	the axe
piharahara	to open up
pana	to dig around, to scoop
tatara	to remove, detach
te mā'a	the food, the white of the coconut, the meat
taura'i	to dry in the sun
te maorora'a	the period, time
mai te peu ē	if
'o'omo	to put in a bag
te pūte	the sack, bag
hopoi	to send, transport
ho'o	to sell

Translate:

Te parau nō te pūha. Nō te hamani 'i te pūha 'e ha'aputu hia te mau ha'ari marō 'ato'a. 'Ia oti, 'e tāpūpū hia te mau 'opa'a, 'oia ho'i te mau ha'ari marō 'ato'a. 'E tāpu hia 'i te to'i. 'I muri iho, 'e piharahara hia te mau 'opa'a tei tāpūpū hia e, 'e pana pauroa hia te mau ha'ari nō te tatara mai 'i te mā'a. 'Ia oti te reira, 'e taura'i hia te mau mā'a 'ō te ha'ari, 'oia ho'i te pūha, 'i ni'a 'i te mahāna 'i te maorora'a 'e piti 'aore ra 'e toru hepetoma te maorora'a, mai te peu ē 'e mea maita'i te mahāna. 'Ia marō maita'i te pūha, 'e 'o'omo hia 'i roto 'i te mau pūte nō te hopoi ātu 'e ho'o.

Lesson 22

SPECIAL VERBAL FORMS

120. Reflexive
In Tahitian, the reflexive may be expressed in the following way:
   verb + subject + object pronoun

With this construction, the reflexive pronoun follows the subject. Examples:
   'Ua ha'apohe 'oia 'iāna.
   He killed himself.
   (Lit. was kill he him)
   'Ua horohorōi vau 'ia'u 'i teie po'ipo'i.
   I washed myself this morning.

Some verbs in Tahitian are reflexive in sense, and do not require the object pronoun. Examples:
   'Ua mutu 'o Teri'i 'i tēra tipi.
   Terii cut himself with that knife.
   'Ua mutu vau 'i te tipi.
   I cut myself with a knife.
   'Ua hi'ohi'o vau 'i roto 'i te hi'o.
   I looked at myself in the mirror.

121. Reciprocal
The reciprocal involves the repetition of the pronoun, followed by *iho*. The sentence word order remains the same. Examples:
   A moto 'outou 'outou iho!
   Fight one another!
   'E hina'aro vau 'ia tauturu rātou rātou iho.
   I want them to help one another.
   'E hina'aro vau 'ia tauturu tēra mau ta'ata 'ia rātou rātou iho.
   I want these people to help one another.

122. Emphatic Pronoun
The emphatic pronoun consists of the ordinary subject pronoun + *iho* (cf. §42). Example:
   Nā'u iho 'i rave.
   I did it myself.

123. Ability/Inability

This form translates "can", "able to". There are two main constructions:

(i) *'e nehenehe tā* + $\begin{bmatrix} \text{noun} \\ \text{pronoun} \end{bmatrix}$ *'e* + verb

(Lit. it is good my/your, etc. action)

Examples:
'E nehenehe tā'u 'e pa'uma 'i ni'a 'i tēra tumu rā'au.
I can climb that tree.
'E nehenehe anei tā 'oe 'e āmo mai 'i tēra pūte?
Can you carry that bag?
'E nehenehe tā tēra ta'ata 'e pa'uma 'i ni'a 'i tēra tumu rā'au.
The man can climb that tree.
'Ananahi 'e nehenehe tā'u 'e haere 'e āu.
Tomorrow I can go swimming.

(ii) *'e nehenehe* $\begin{bmatrix} \text{'ia} + \text{pronoun} \\ \text{'i te} + \text{noun} \end{bmatrix}$ + *'ia* + verb

This construction is more formal than the first, and not as widely used in conversation. Examples:
'E nehenehe 'iāna 'ia horo.
He can run.
'E nehenehe 'i tēra ta'ata 'ia rave mai 'i tā 'oe tauiha'a.
That person can bring your things.

(iii) *'e ti'a* (plus same construction as in ii)

This construction is very formal and not much used in conversation. Example:
'E ti'a anei 'ia'u 'ia rave 'i teie ōpe?
Can I take this shovel?

(iv) When inability is expressed, the construction changes to:

$\begin{bmatrix} \text{'e'ita} \\ \text{'aita} \end{bmatrix}$ + *tā* $\begin{bmatrix} \text{noun} \\ \text{pronoun} \end{bmatrix}$ *'e nehenehe 'e* + verb

Example:
'E'ita tā'u 'e nehenehe 'e pa'uma 'i ni'a 'i tēra tumu rā'au.
I cannot climb that tree.

124. Competence/Incompetence

This construction corresponds to the English "to know how to", "not to know how to", as follows:

$$\begin{bmatrix} \text{'}ua \\ \text{'}e \end{bmatrix} \text{'}ite \ldots + \text{'}i\ te + \text{verb}$$

Examples:
'Ua 'ite anei 'oe 'i te tunu 'i te ūfi?
Do you know how to prepare yams?
'E, 'ua 'ite au 'i te tunu 'i te ūfi.
Yes, I know how to prepare yams.

125. Attempted Action

This form corresponds to "try, attempt to". The construction is as follows:

$$\begin{bmatrix} \text{'}ua \\ \text{'}e \end{bmatrix} t\bar{a}mata\ (\text{try}) \ldots \text{'}i\ te + \text{verb}$$

Examples:
'E tāmata vau 'i te hamani 'i te fare.
I shall try to build a house.
'Inanahi ra 'ua tāmata vau 'i te hamani 'i te hō'e afata.
Yesterday I tried to make a box.

126. Exercise

(a) Translate into English:
1. *Te hi'ohi'o nei tāua tāua iho.* 2. *Te 'ite nei 'oia 'iāna 'i roto 'i te pape.* 3. *Nā rātou iho 'i ho'o mai 'i te farāoa.* 4. *Nāna iho 'i ta'iri 'i te 'uri 'ā Peu.* 5. *'Ananahi 'e tāmata vau 'i te haere 'e tai'a.* 6. *'Ua 'ite anei 'oe 'i te tunu 'i te ūfi?* 7. *'Ua 'ite rātou 'i te hamani 'i te fare.* 8. *'E nehenehe tā'u 'e hamani 'i te fare.* 9. *'E nehenehe anei 'oe 'e rave 'i te 'ofa'i?* 10. *'E'ita tā'u 'e nehenehe 'e rave 'i te 'ofa'i.*

(b) Translate into Tahitian:
1. They (pl.) are looking at one another. 2. Yesterday they (dl) washed each other. 3. That man hit Terii's dog. 4. He will try to make a box. 5. I can lift the stone. 6. He cannot lift the stone. 7. Do you know how to build a house? 8. Can you (pl.) plant the yams? 9. Yes, we (pl. exc.) can certainly plant the yams. 10. We (pl. exc.) cannot plant the yams.

127. The Market

Vocabulary:

te mātete	the market	te tauiha'a	the product
'ī	full, to fill	te hei-pūpū	the shell necklace
te mā'a	the produce	te ti'i	the statue
rau	to be numerous	te tāupo'o	the hat
te huru	the kind, sort	te 'ete	the basket
fa'anaho	to organise, place	te rātere	the tourist
matara	to be open	māta'ita'i	to look at, admire
'e tae ātu	until	te rahira'a	the quantity
raverahi	many	riro	to become
te mata'eina'a	the district	te 'oa'oara'a	the delight
ho'o	to sell	te maurūrura'a	the joy

Translate:

Te mātete nō Tahiti, 'e 'ī noa 'oia 'i te mā'a. 'Ua rau te huru 'i te mau mahāna 'ato'a. Mai teie te huru te mau fa'anahora'a: 'e matara noa te mātete nō Pape'ete mai te monire 'e tae ātu 'i te tapati, mai te hora maha 'i te po'ipo'i 'e tae ātu 'i te hora hitu 'i te pō. 'I te tapati 'e matara 'oia mai te hora maha 'i te po'ipo'i 'e tae ātu 'i te hora 'ahuru.

'E raverahi te mau mā'a 'e tae mai nō te mau mata'eina'a nō Tahiti. 'E tae 'ato'a mai tō te mau motu, nō Mo'orea, Huahine, Ra'iātea, Borabora. Te mahāna rahi ā'e te mā'a, 'i te mātete, mai te mahāna maha ia 'e tae ātu 'i te tapati. Mai te monire 'e tae ātu 'i te mahāna toru, 'aita 'e rahi te mā'a 'e tae mai 'i te mātete nō Pape'ete. 'E raverahi mau mā'a 'e ho'o hia e te tahi mau tauiha'a nō te fenua. 'E raverahi te huru 'ō te mau i'a. 'E ho'o 'ato'a hia te mau hei-pūpū, te mau ti'i, te mau tāupo'o, te mau 'ete.

'E raverahi mau rātere 'e haere 'i te mātete nō Pape'ete nō te māta'ita'i te mau rahira'a mā'a e te i'a; 'ua rau te huru 'ō te mau tauiha'a nō te fenua. Nō reira, 'ua riro ia te mātete nō Pape'ete 'ei 'oa'oara'a, 'ei maurūrura'a nā te mau rātere.

Lesson 23

DESIDERATIVE, NECESSITATIVE, CONDITIONAL

128. Desiderative
The desiderative is expressed in the following ways:

(i) $\begin{bmatrix} te \\ 'e \\ 'ua \end{bmatrix}$ hina'aro + subject + 'e + verb

This is the construction used when the subject is the same for both verbs. Examples:
    Te hina'aro nei au 'e ho'o mai 'i te heipūpū.*
    I want to buy a shell necklace.
    'E hina'aro vau 'e tunu 'i te ūfi.
    I want to prepare the yams.

(ii) $\begin{bmatrix} te \\ 'e \\ 'ua \end{bmatrix}$ hina'aro + subject + $\begin{bmatrix} 'e \\ 'ia \end{bmatrix}$ + verb + subject

This construction is used when the subject of the two verbs is different. Examples:
    Te hina'aro nei au 'e tauturu mai 'oe 'ia'u.
    I want you to help me.
    Te hina'aro nei 'oia 'ia hamani vau 'i te fare.
    He wants me to build a house.

(iii) negative + subject + verb + $\begin{bmatrix} 'i\ te + \text{verb (past)} \\ 'e + \text{verb (present)} \end{bmatrix}$

In the negative, when the subject of both verbs is the same, the pattern changes to the above. Examples:
    'Aita vau 'i hina'aro 'i te haere.
    I did not want to go.

* *Hina'aro* is also used with a noun object, such as:
    'E hina'aro vau 'i tēra hei-pūpū.
    I would like that shell necklace.

'Aita vau 'i hina'aro 'i te haere 'e tai'a.
I did not want to go fishing.
'E'ita vau 'e hina'aro 'e haere 'e tai'a.
I do not want to go fishing.

Otherwise, the normal negative sentence pattern is followed. Example:

'E'ita vau 'e hina'aro 'ia ha'aparari 'oe 'i tā'u hapaina.
I do not want you to break my glass.

(iv) A less direct desiderative is formed by *'e ti'a*, which corresponds approximately to "would you like to", "would they like", etc. Example:

'E ti'a anei 'ia 'oe 'ia himene?
Would you like to sing?

This construction is formal, and in conversation one would prefer:

'E nehenehe anei tā 'oe 'e himene?
Would you like to sing?

129. Necessitative

In Tahitian there are several degrees of compulsion expressed by the different forms of the necessitative.

(i) $\begin{bmatrix} 'e \\ 'ia \\ 'ua \end{bmatrix}$ + verb + $\begin{bmatrix} ihoa \\ ho'i \end{bmatrix}$ + subject

This is the most common necessitative in conversational Tahitian. With present tense, *'e* or *'ia* may precede the verb, while *'ua* indicates past tense. The verb stem is followed by *ihoa* or *ho'i*. *Ihoa* is stronger than *ho'i*. It should be observed that the ought/must distinction of English has no exact equivalent in Tahitian. *Ihoa* suggests "must", while *ho'i* would approximate to the English "ought".* Examples:

'E haere ihoa vau 'e rave mai 'i te farāoa.
I must go and get some bread.
'Ia tae ihoa tāua 'i te tahua taura'a manureva 'i te hora piti.
We two must be at the airport at two o'clock.
'Ua haere ihoa vau 'e rave mai 'i te farāoa.
I had to go and get some bread (and did so).
'E haere ho'i vau 'i te fare toa.
I must/ought to go to the shop.

---

* Real compulsion is rendered rather by the imperative in Tahitian. *Ihoa* simply means "indeed", and *ho'i*, "besides, so".

The prohibitive form is the same as the negative imperative. Thus:
'Eiaha ihoa 'oe 'e tāpū 'i te vahie.
You must not cut the wood.

(ii) *'e mea* + verb + $\begin{bmatrix} ihoa \\ ho'i \end{bmatrix}$ + subject

This is a necessitative form indicating that one should have done something, but did not. Example:
'E mea haere ihoa vau 'e rave mai 'i te farāoa.
I should have gone and got some bread.

(iii) *'ia* + verb + *mau* + subject ... *'e ti'a ai*

This is the strongest necessitative apart from the imperative. It is generally restricted to the present tense, however. Examples:
'Ia 'amu mau vau 'e ti'a ai.
I really must eat.
Negative: *'Eiaha roa vau 'e 'amu.*
I really must not eat.

(iv) *'e mea maita'i* + *'ia* + verb

This is a weaker necessitative, approximating to the English "it is recommended". Example:
'E mea maita'i 'ia 'amu vau.
It would be well if I ate.

(v) *'e mea faufa'a* + *'ia* + verb

This translates "to need to", but with overtones of profit or gain. When this idea is absent, the normal necessitative is used. Examples:
'E mea faufa'a 'ia'u 'ia haere 'e ti'i 'i te moni.
I need to go and get some money.
'E 'ere 'i te mea faufa'a 'ia'u 'ia haere 'e ti'i 'i te moni.
I do not need to go and get some money.
When the object of "to need" is a noun, the desiderative *hina'aro* is used, as explained in §128.

130. Conditional
With real condition, the introducers of the conditional clause are:

(i) *mai te peu ē*
(ii) *mai te mea ē*

Examples:
>'E ta'iri vau 'ia 'oe, mai te peu ē 'e ha'aparari 'oe 'i tēra hapaina.
>I shall hit you if you break that glass.
>Mai te mea ē 'e haere mai 'oe 'ananahi, 'e horo'a ātu vau 'i te tao'a nā 'oe.
>If you come tomorrow I shall give you a present.

Both of the condition introducers may be used interchangeably with no distinction in meaning.

With unreal condition, that is, in sentences where the action expressed by the conditional verb does not actually take place, the introducer changes to *ahiri*. Example:
>Ahiri vau 'i hamani 'i te 'aua, 'e'ore ia tā'u mau mā'a tanu 'e 'amu hia 'e te pua'atoro.
>If I had built a fence, my vegetables would not have been eaten by the cattle.

Note: *ahiri* or *ahiri ē*, may also be used instead of condition introducers in translating real condition, but not often in conversational Tahitian.

The English "would have ... if" is rendered in Tahitian by *'e mea* + verb, followed by *ahiri*. Example:
>'E mea tāpū vau 'i te vahie, ahiri 'oe 'e horo'a mai 'i te moni maita'i nā'u.
>I would have cut the wood if you had paid me well.

131. Exercise

(a) Translate into English:
1. 'E'ita vau 'e hina'aro 'ia ha'aparari 'oe i tā'u hapaina. 2. Te hina'aro nei te ta'ata 'ia tauturu 'oe 'iāna. 3. 'E hina'aro rātou 'e hamani 'i te fare. 4. 'Aita tātou 'e hina'aro 'e 'au. 5. 'E haere ihoa vau 'e ti'i 'i te moni. 6. 'Eiaha roa 'oe 'e ta'iri noa ātu 'i tēra 'uri. 7. 'Ia haere mai ihoa 'oe 'e tāmā'a. 8. 'E hina'aro vau 'i te peni-pāpa'i. 9. 'E mea haere ho'i au 'e ti'i 'i te moni. 10. Mai te peu ē 'e maita'i te mahāna 'ananahi, 'e haere tāua 'i te pae miti.

(b) Translate into Tahitian:
1. I must go now. 2. I do not want to go to town. 3. He wants an orange. 4. I must go to the shop. 5. You must not go swimming today. 6. The girls must go and get the bread. 7. They (pl.) want to buy a boat. 8. They two want me to build a boat. 9. You must not break that glass. 10. If that dog eats my fowls, I shall kill him.

132. Fishing

Vocabulary:

fa'a'ite	to explain

te huru	the way, method
te 'ohipa	the work
te rava'ai	the fishing
te 'upe'a	the net
te pae ā'au	the edge of the reef
tu'u	to deposit, put in, put down
tiahi	to chase
'i roto	into
fa'a'ati	to close (a net), accompany
pou	to descend
'i muri iho	after that, next
te miti	the sea
taui	to change
te vāhi	the place, area
te taī'ara'a	the fishing
te pae moana	the edge of the lagoon
fa'ahou	again
pātia	to spear (a fish)

Translate:

'I teie mahāna 'e piti 'ahuru nō fepuare matahiti tauatini 'e iva hanere 'e ōno 'ahuru ma va'u te hina'aro nei 'o Teri'i tāne 'ia fa'a'ite vau 'iāna 'i te huru nō te 'ohipa rava'ai 'i Tahiti. 'E fa'a'ite ātu vau 'iāna 'i te huru nō te rava'ai 'upe'a nā te pae ā'au. 'E raverahi mau va'a 'e haere nā te pae ā'au. 'E tu'u rātou 'i te 'upe'a nā te pae ā'au mai te tiahi mai 'i te ī'a 'i roto 'i te 'upe'a. 'I reira, 'e fa'a'ati hia te 'upe'a. 'I muri iho, 'e pou rātou 'i roto 'i te miti nō te rave mai 'i te ī'a, 'a tu'u ātu ai 'i roto 'i te mau va'a.

'I muri iho 'i te reira, 'e taui rātou 'i te vāhi taī'ara'a. 'E haere rātou 'i te pae moana 'e tu'u fa'ahou 'i tā rātou 'upe'a. Te mau va'a fa'a'ati, nā rātou 'e haere 'e tiahi mai 'i te ī'a 'i roto 'i te 'upe'a. 'I muri iho 'e pou rātou 'i roto 'i te miti nō te pātia mai 'i te ī'a. 'I muri iho 'a tu'u ātu ai 'i roto 'i te mau va'a.

Lesson 24

CONJUNCTIONS

133. Usage

This final lesson discusses the usage of the most usual conjunctions in Tahitian which have not already been treated above. Some conjunctions are:

'aore ra	or	'e riro paha	perhaps
'ia 'ore ra	otherwise, lest	'oia ho'i	namely, that is
'aita ra	otherwise	nō reira	therefore
tēra ra	but, however	noa ātu ā	although
āre'a ra	however	e	and
'e paha	perhaps	auā'e	fortunately

Examples of usage are as follows:

'i te mahāna mā'a 'aore ra 'i te tapati
on Saturday or Sunday

te pua'atoro 'aore ra te pua'ahorofenua
the bull or the horse

'E rave maita'i tāua 'i te 'ohipa 'ia 'ore ra 'e'ita ia tā tāua puta 'e oti.
We two must work well; otherwise our book will not be finished.

'aita ra 'e'ita ia te fare 'e oti
otherwise the house would not have been finished

'Ua mana'o vau 'e haere 'e tanu 'i te taro, tēra ra 'ua mo'e tā'u ōpe.
I thought I would go and plant taros, but I have lost my shovel.

'E haere mai 'oia 'e riro paha 'i te tapati.
Perhaps he will come on Sunday.

'E riro paha 'oia 'i te haere mai.
Perhaps he will come.

te mau rātere, 'oia ho'i te mau feiā tei haere mai nō te māta'ita'i
the tourists, that is, the people who come to visit

Nō reira 'oia 'i haere ai 'e tunu 'i te mā'a.
Therefore, she went to prepare the food.

Noa ātu ā ia te mahāna, 'e to'eto'e noa.
Although the sun is shining it is still cold.

te tāupo'o e te piripou
the hat and the trousers
Te haere ra vau 'e ta'oto; auā'e 'oe 'i tāniuniu mai.
I was just going to bed; fortunately you rang then.

134. Pearl-shell Diving

Vocabulary:

hopu	to dive, bathe	*'ī*	full, to fill
te pārau	the pearl-shell	*te taura*	the rope
tupu	to take place	*tā'amu*	to tie
te 'ava'e	the month	*te tapau*	the lead weight
fa'a'ati	to surround	*tae*	to arrive
te ā'au	the reef	*'oi'oi*	quickly
'i ropu	in the middle	*'i raro*	at the bottom
te miti	the sea	*fa'a'ite*	to signal, tell
te va'a	the outrigger canoe	*ho'i*	to return
te purera'a	the prayer	*hapono*	to send
nā mua ā'e	before	*te feiā-rave-pārau*	the pearl-shell merchants
fa'aea	to remain		
huti	to pull up, pull	*roa'a*	to obtain
te 'ete	the basket		

Translate:

Te 'ohipa nō te hopura'a pārau 'e tupu ia 'i te mau fenua Tuamotu 'i te mau matahiti 'ato'a. 'E tupu te hopura'a pārau, 'e toru 'ava'e te maorora'a 'aore ra 'e maha. 'Ua 'ite tātou te fenua Tuamotu, 'e mea fa'a'ati hia 'oia 'e te ā'au. 'I ropu 'i te fenua te vai ra ia te miti. E, 'i te reira vāhi 'e hopu hia ai te pārau.

Nō te haere 'e hopu 'i te pārau, 'e haere te mau ta'ata nā ni'a 'i tō rātou mau va'a 'i ropu 'i te miti. 'Ia tae rātou 'i reira, 'e fa'aoti rātou 'i te purera'a nā mua ā'e 'a hopu ai. 'E piti ta'ata 'i ni'a 'i te va'a hō'e, hō'e te hopu, e hō'e te fa'aea 'i ni'a iho 'i te va'a nō te huti mai 'i te pārau 'o te fa'a'īhia mai 'e te ta'ata hopu. Teie ta'ata hopu, 'e hopu 'oia nā ni'a 'i te hō'e taura 'o tei tā'amu hia te tapau 'i ni'a iho, nō te, mea, nā teie tapau 'i ni'a te taura 'e fa'atae 'oi'oi 'iāna 'i raro 'i te miti. 'Ia tae 'oia 'i raro, 'e rave 'oia 'i tāna 'ete 'e fa'a'ī 'i te pārau. Ia 'i, e, nō te fa'a'ite 'i te ta'ata huti 'i ni'a 'i te va'a, 'e huti 'oia 'e tcru hutira'a 'i ni'a 'i te taura. 'I te reira taime 'e ho'i mai 'oia 'i ni'a; 'e huti 'ato'a hia te 'ete pārau.

'Ia fa'aoti teie hopura'a pārau, 'e hapono hia ia te mau pārau nā te mau feiā-rave-pārau 'i Pape'ete. E, 'i te reira taime ia tā rātou moni 'e roa'a mai ai.

FURTHER PASSAGES FOR TRANSLATION

135. Tahiti

Vocabulary:

parau	a word, to speak	*te mata'eina'a*	the district
te motu	the island	*te marae*	the temple
te a'ihu'arā'au	the department	*te vāhi*	the place, spot
te fenua	the land, country	*tanu*	to plant
pū	principal, main	*te tō*	the sugar-cane
'oia ho'i	namely	*te tihota*	the sugar
te 'oire	the town	*te ta'ata-pāpa'i-hoho'a*	the artist
te mata'i	the wind		
paraparau	to converse, talk	*te fa'a'amura'a*	the breeding
te huru	the subject, manner	*te pua'atoro*	the cattle
		Niu Terani	New Zealand
mana'o	to think	*te fa'arava'i*	the increase
reva	to leave, depart	*te ū*	the milk
'apī	new	*te hotera*	the hotel
hamani	to build	*tāmā'a*	to eat at table
te purumu	the street	*te 'otu'e*	the point, promontory
tātā'i	to repair		
te tau	the time, occasion	*te mōri-turama-āva*	the lighthouse
riro	to become	*te ti'i*	the statue
māta'ita'i	to look at, admire	*te 'o'o'a*	the bay
te rātere	the tourist	*fa'ari'i*	to receive
'e raverahi	many	*fa'atupu*	to organise
tae	to arrive, come	*te tāmā'ara'a*	the feast
Marite	America	*te taera'a*	the arrival
te ruperupe	the beauty	*Ronetona*	London
'ite	to see	*fa'afa'aea*	to rest, stay
nā mua ā'e	before		

Translate:
 Teie te mau parau nō te mau motu a'ihu'arā'au Farāni nō Polinetia, 'oia ho'i 'o Tahiti te fenua pū, 'oia ho'i te 'oire nō Pape'ete. 'I muri

TAHITI

ā'e 'i te reira, te vai nei te mau motu nō ni'a mata'i, te mau motu Tuamotu, Ma'areva, Matuita, te mau motu nō raro mata'i, Ra'iātea, Borabora, Huahine, Maupiti. 'I teie nei 'e paraparau vau 'i te huru nō te fenua 'o Pape'ete, Tahiti.

'I Pape'ete 'ato'a te vai nei te tahi mau fare 'api te hamani hia ra, te mau purumu te tātā'i hia ra. Nō reira, 'e nehenehe 'ia parau hia 'i teie mau tau 'i mua nei 'e riro ia te 'oire nō Pape'ete 'ei māta'ita'ira'a nā te mau feiā rātere; nō te mea 'e raverahi te mau feiā rātere 'e tae mai 'i Pape'ete, mai te fenua Marite mai, nō te fenua Farāni mai, Peretane mai, te fenua Europa mai, nō te māta'ita'i 'i te huru 'ō te ruperupe 'ō te fenua Tahiti.

Teie te mau 'ohipa 'e 'ite hia 'e te mau feiā rātere 'ia tae ātu rātou 'i Tahiti. Nā mua ā'e 'e tae rātou 'i te mata'eina'a nō Pa'ea, e 'ite rātou 'i te marae nō Arahurahu. 'Ei reira 'e tae ātu rātou 'i Atimaono, te vāhi matamua 'i tanu hia te tō nō te hamani 'i te tihota. 'E haere ātu rātou 'i Mataiea, Papeari. Tei reira te vāhi pū nō te ta'ata-pāpa'i-hoho'a 'o Paul Gaugin tāne. Mai reira 'e haere ātu rātou 'i Taravao. Tei reira te mau fa'a'amura'a pua'atoro rahi ā'e nō Tahiti. 'E mau pua'atoro nō te fenua Niu Terani mai, tei fa'atae hia mai 'i Tahiti nō te fa'arava'i 'i te ū nō Tahiti. Mai reira 'e tae ātu rātou 'i Afa'ahiti. Tei reira te hotera Faratea. 'E raverahi mau rātere 'e haere 'i reira 'e tāmā'a āi.

'E ho'i mai rātou 'i Pape'ete nā te mata'eina'a nō Hitia'a, Fa'aone, Papeno'o, Ha'apape. Hou rātou 'a tae ai 'i Pape'ete, 'e haere rātou 'i te 'otu'e nō Ha'apape, 'oia te Pointe Vénus. 'E māta'ita'i rātou 'i te mōri-turama-āva. Tei reira 'ato'a te ti'i 'ō te ta'ata Peretane ra 'o Captain Cook, tei tae mai 'i Tahiti 'i te matahiti tauatini 'e hitu hanere 'e ōno 'ahuru ma iva 'i te 'o'o'a nō Matavai. 'Ua fa'ari'i hia 'oia 'e te ari'i-vahine 'o Pomare maha. 'I muri ā'e 'i te reira 'ua fa'atupu hia te hō'e tāmā'ara'a nō tō rātou taera'a mai. Te 'ite nei ia tātou ē, te mau feiā matamua 'i tae mai 'i Tahiti nei, 'e mau feiā nō Peretane mai. 'Ua rave 'ato'a rātou 'i te 'ohipa nō te Evaneria 'i Tahiti.

136. Things to do in Tahiti

Vocabulary:

'e aha te huru?	how are things?
fa'afa'aea	to stop, cease
te ūa	the rain
mai te peu ē	if
fa'a'ati	to visit, tour
te mata'eina'a	the district
te ruperupe	the beauty
'e raverahi	there are many
te rātere	the tourist
te mau motu raro mata'i	the Iles Sous le Vent
māta'ita'i	to visit, admire
āna'e	also, as well
te vāhi 'orira'a	the nightclub (dancing)
te vāhi himenera'a	the night-spot (singing)
e te vai ātura	etcetera
te 'ori	the dance
te himene	the song
maurūru	thank you
te fa'a'itera'a	the information
'e riro paha	perhaps
te fa'afa'aeara'a	the stay, holiday
te 'oa'oa	the pleasure, delight
mau	true, real

Translate:

"'E aha te huru 'i Tahiti nei 'i teie mau mahāna?"

"Mea maita'i. 'Ua fa'afa'aea ri'i te ūa. Mea maita'i roa 'i teie mau mahāna."

"'E aha te 'ohipa tā'u 'e nehenehe 'e rave 'ananahi?"

"Mai te peu ē 'e'ita 'e ūa, 'e nehenehe ia tā 'oe 'e haere 'e fa'a'ati nā te mau mata'eina'a. 'Ei reira 'oe 'e 'ite ai 'i te ruperupe 'ō te fenua. 'E nehenehe 'ato'a 'oe 'e haere ātu 'i Mo'orea, nō te mea 'e raverahi mau rātere 'e haere nei 'i te reira vāhi. 'E nehenehe 'ato'a 'oe 'e haere roa ātu 'i te mau motu raro mata'i, 'oia ho'i 'o Huahine, Ra'iātea, Borabora, tei 'ia 'oe te hina'arora'a."

"'E mea maita'i roa. 'Ananahi 'e ti'i mai 'oe 'ia'u; 'e haere tāua 'e māta'ita'i 'i te mau mata'eina'a. 'Ia mana'o vau 'e'ita ihoa 'e ūa 'ananahi. Nā reira ia, 'e haere mai 'oe 'e ti'i 'ia'u 'ananahi 'ia po'ipo'i 'i te hora hitu e te āfa."

"E, 'e haere mai vau 'e ti'i 'ia 'oe 'ananahi. 'E haere tāua 'e fa'a'ati 'i Tahiti."

"'E aha āna'e ā te 'ohipa 'e rave hia 'i Tahiti nei?"

"'I te pō, 'e nehenehe 'oe 'e haere 'e māta'ita'i 'e te mau vāhi 'orira'a, te mau vāhi himenera'a, mai te Bar Lea, te Hotera Ta'aone, te Pu'o'oro Plage, te Hotera Tahiti e te vai ātura. 'E nehenehe tā 'oe 'e haere 'e māta'ita'i 'ato'a 'i te mau 'ori nō te fenua nei, te 'ori Tahiti, te tamure, te pa'o'a, te hivinau, te aparima, e raverahi ātu ā."

"Maurūru roa 'i tā 'oe fa'a'itera'a mai 'ia'u 'i te huru nō teie vāhi 'o Tahiti. Te mana'o nei vau 'e riro paha teie fa'afa'aeara'a tō'u 'i Tahiti 'i te mea 'oa'oa mau nā'u."

137. Planting Sweet Potatoes
Vocabulary:

tanu	to plant	*ha'apo'i*	to cover up
te 'umara	the sweet potato	*'e nehenehe*	one can
te 'ata	the stalks, lianas	*pīpī*	to water
maoro	for a long time	*te pape*	the water
tupu	to grow	*mai te peu ē*	if
te 'apo'o	the hole	*te mahāna*	the sun
tu'u	to put in, deposit	*te ārea*	the period
'o	to dig	*pa'ari*	to be hard, mature
ha'aputu	to heap up	*'aore ra*	or
te repo	the earth, soil	*te mā'a*	the fruit
oti	to finish	*tatara*	to dig up

Translate:

Nō te tanu 'i te 'umara, 'e tāpū hia mai ia te 'ata 'ō te mau 'umara tei maoro te tupura'a. 'E hamani hia te mau 'apo'o nō te tanura'a 'i te 'ata 'umara. 'E tu'u hia tēra mau 'ata 'i roto 'i te mau 'apo'o tei 'o hia, e tei ha'aputu hia 'i te repo. 'Ia oti 'i te tu'u hia te 'ata 'umara 'i roto 'i te 'apo'o, 'e ha'apo'i hia 'oia. 'E nehenehe 'ia pīpī hia 'i te pape te mau 'ata 'umara tanu 'apī, mai te peu ē 'aita 'e ūa, mai te peu ē 'e mea puai roa te mahāna.

Te taime tanura'a 'umara, tei roto ia 'i te ārea nō te 'ava'e mē, tiunu, tiurai. Te taime 'e nehenehe ai 'e 'amu 'i te 'umara, 'oia ho'i, 'i te taime 'e pa'ari ai 'oia, 'e pae 'aore ra 'e hitu 'ava'e te maorora'a 'e nehenehe 'ia 'amu hia te reira mau 'umara. 'Ia pa'ari te mā'a, 'e nehenehe 'ia tatara hia mai, mai roto mai 'i te repo.

138. The Eel's Hole

Vocabulary:

te 'apo'o	the hole	te tau	the time, period
te puhi	the eel	te feiā tai'a	the fisherman
te 'a'amu	the legend	te 'aito	the champion
pauroa	all	Ta'ari'i	Taarii
hoe	to paddle	pātia	to spear
nā ni'a	in	te toro'a	the job, trade
te va'a	the canoe	te hui ra'atira	the people
'amu	to eat	noa	always
te 'otu'e	the promontory, point	mana'o	to think
		ha'apohe	to kill
topa	to give a name to	ora	to live
te i'oa	the name	fa'ahou	again
te rahira'a	the majority	te 'auri	the spear
'ato'a	also		

Translate:

'I teie mahāna 'e parauparau vau 'i te 'a'amu nō te 'apo'o puhi. Te vai ra 'i te mau motu raro mata'i, 'oia ho'i 'o Taha'a, te mata'eina'a nō Poutoru, te hō'e puhi rahi roa; 'e 'amu noa 'oia 'i te mau ta'ata. Pauroa te mau ta'ata 'e hoe mai nā ni'a iho 'i te va'a, 'ia tae 'i tēra vāhi, 'oia ho'i te 'apo'o puhi, 'ei reira rātou 'e 'amu hia ai 'e tēra puhi. Te vai ra 'oia 'i te hō'e 'otu'e tei topa hia te i'oa te 'apo'o puhi, 'oia ho'i te 'otu'e 'ō 'apo'o puhi. E, nā reira te ta'ata te haere mai te mata'eina'a nā ni'a 'i te va'a, te rahira'a 'e 'amu hia ia 'e taua puhi ra.

Te vai 'ato'a ra 'i te reira tau 'e raverahi mau feiā tai'a. Te 'aito 'i te reira tau nō te reira mata'eina'a 'o Ta'ari'i ia. 'E ta'ata-pātia-i'a tōna toro'a. Te 'ite nei te hui ra'atira nō teie mata'eina'a 'e 'amu noa teie puhi 'i te mau ta'ata 'e hoe nā ni'a 'i te va'a. 'Ua mana'o rātou 'i te hō'e mahāna 'e haere 'e pātia ha'apohe roa 'i te puhi, 'ia 'ore 'oia 'e 'amu fa'ahou 'i te mau ta'ata 'e hoe mai nā ni'a 'i te va'a nō te haere 'i te mata'eina'a.

'I te tahi mahāna 'ua haere mai 'o Ta'ari'i e tāna 'auri. 'Ua 'ite 'oia 'i teie puhi tei rapae 'i tōna 'apo'o. 'Ua mana'o 'ona 'e pātia ha'apohe roa 'i teie puhi, 'ia ora te mau ta'ata 'e hoe nā ni'a 'i te va'a, 'eiaha rātou 'ia 'amu fa'ahou hia 'e tēra puhi. 'I te reira taime 'ua pātia ha'apohe roa 'oia 'i tēra puhi. Mai te reira taime te topara'a hia te i'oa 'ō taua 'otu'e ra, te 'otu'e 'ō 'apo'o puhi.

139. The Fourteenth of July
Vocabulary:

riro	to become
te mahāna 'oa'oara'a	the festival
te hau	the Republic, government
fa'atupu	to organise
fa'ahanahana	to celebrate
te 'arearea	the amusement
te taviri	the game
fa'anehenehe	to embellish, beautify
ha'amata	to start, commence
te 'oro'a	the feast, festival
matara	to start
'e tae ātu	until
te a'ahiāta	the early morning, dawn
te po'ipo'i	the morning
te ta'urua	the feast, festival
porote	to walk in procession
te nu'u	the army
putuputu	to assemble
te āroā	the street, avenue
te tavana rahi	the Governor
fa'aea	to reserve, remain
ha'apoupou	to applaud
te feiā porote	the members of the procession
te tai	the navy
te reva	the air force
tere	to go past
te muto'i	the police
te pupu	the group
te fa'ehau	the soldier
te himene	the song
te 'ote'a	the dance
te mau feiā fa'a'eta'eta tino	the athletes
te mau feiā tu'epopo	the footballers
te mau feiā taorapopo	the basketballer
te fa'aro'o	the religion
te porotetani	the Protestants
te tatorita	the Catholics
te momoni	the Mormons
te tanito	the Sanito Church
te petania	the Bethany Church
te fare ha'api'ira'a	the school

THE FOURTEENTH OF JULY

fa'ari'i	to receive
te hui mana	the officials
te inuinura'a	the drink, toast
te 'orira'a hanahana	the grand ball
te peretiteni	the Presidency
te hoera'a-va'a	the canoe race
te ta'ahira'a-pere'o'o	the bicycle race
te fa'ahorora'a	the race
te pua'ahorofenua	the horse
te mahāna hope'a	the last day
'opani	to close, finish

Translate:

Te parau nō te 'ahuru ma maha nō tiurai.

Te 'ahuru ma maha nō tiurai 'ua riro ia 'ei mahāna 'oa'oara'a nā te hau Farāni. Nō reira 'i te fenua Tahiti 'e fa'atupu 'ato'a hia te mahāna 'oro'a nō te 'ahuru ma maha nō tiurai. Nō te fa'ahanahanara'a 'i te 'ahuru ma maha nō tiurai 'i Tahiti, 'e hamani hia ia te mau fare 'areareara'a, te mau fare tavirira'a nā te mau vāhi 'ato'a 'ō te 'oire, mai te fa'anehenehe hia 'i te mau tiare 'ato'a 'ō te fenua.

'Ia tae 'i te 'ahuru ma toru nō tiurai, te mahāna ia 'e ha'amata ai te mau 'oro'a, te hora 'e matara ai te mau fare tiurai, mai te hora 'ahuru ma piti ia nō te 'ahuru ma toru nō tiurai 'e tae ātu 'i te hora piti 'i te a'ahiāta. 'Ia po'ipo'i ā'e 'oia ho'i te 'ahuru ma maha, te mahāna rahi nō te ta'urua, 'i te hora va'u 'i te po'ipo'i 'e tupu ia te porotera'a 'ā te mau nu'u huru rau e raverahi ātu ā. 'I te po'ipo'i 'ahuru ma mahā nō tiurai 'i te hora va'u, 'e putuputu pauroa te mau ta'ata 'i te vāhi porotera'a, 'oia ho'i 'i te āroā Bruat. 'Ia haere mai te tavana rahi 'ō te fenua 'i tōna vāhi fa'aeara'a nō te ha'apoupou 'i te mau feiā porote, 'e tere mai ia 'i te reira taime te mau mōto nō te mau muto'i farāni. 'I muri ā'e 'i te reira, te mau pupu fa'ehau huru rau tō te fenua, tō te tai e tō te reva. 'I muri ā'e 'i te reira, 'e porote mai te mau pupu himene, te mau pupu 'ote'a, te mau pupu fa'a'eta'etara'a tino, te pupu tu'epopo, taorapopo e raverahi ātu ā. 'E porote 'ato'a mai te mau pupu nō te mau fa'aro'o 'ato'a, 'oia ho'i te porotetani, tatorita, te momoni, te tanito, te petania. 'E porote 'ato'a ho'i te mau tamari'i nō te mau fare ha'api'ira'a 'ato'a.

'Ia oti te porotera'a, 'e fa'ari'i mai te tavana rahi 'i te mau hui mana 'ato'a nō te hō'e inuinura'a. 'I te reira taime 'e matara ia te mau fare 'arearcara'a, te mau fare tavirira'a nō te tiurai 'e tae roa ātu 'i te hora ōno 'i te po'ipo'i. 'I te reira 'ato'a pō, 'e tupu ia te 'orira'a hanahana mai te peretiteni hia 'e te tavana rahi 'ō te fenua.

Te ta'urua nō tiurai 'e tupu ia, 'e piti hepetoma te maorora'a. 'E raverahi mau 'ohipa 'e rave hia 'i roto 'i te reira nau hepetoma 'e

I

piti, te mau 'ote'a, te mau himene, te mau hoera'a-va'a, te mau ta'ahira'a-pere'o'o, te fa'ahorora'a pua'ahorofenua. 'E rave hia ia 'i roto 'i te reira nau hepetoma 'e piti. 'I muri ā'e 'i te reira, te mahāna hope'a nō te piti 'o te hepetoma 'o te 'opanira'a ia te ta'urua rahi nō tiurai, 'oia ho'i te 'oro'a rahi 'ā te hau Farāni.

140. Orange-picking

Vocabulary:

pafa'i	to pick, pluck
te 'anani	the orange
te fa'a	the valley
te tau	the season
mātau	to be accustomed
ti'i	to pick
'i roto	in, inside
'i te po'ipo'i roa	early in the morning
te pūte	the bag
te 'ahu	the clothes
nō te mea	because
'i uta	at the bottom
te ārea	the period
haere nā raro noa	to go on foot
te vāhi	the place
fa'afa'aea	to rest
fa'ahou	once more, again
huru ātea ātu	further away
te ūru 'anani	the orange plantation
te parara'a	the ripening
'i ni'a	on
te tumu	the tree
re'are'a	yellow
pa'uma	to climb up
fa'a'ī	to fill
'oa'oa	pleasure, pleasant
te ruperupe	the beauty
te haviti mau	the true splendour
hi'o	to look at
pou	to descend
'i raro	down
mai te āmo mai	while carrying
āmo	to carry on the shoulders
'i muri iho	after, after that, next
'a tae roa ātu	until, as far as
papū	flat
'oia ho'i	namely

Translate:

Te pafa'ira'a 'anani 'i te fa'a nō Puna'aru'u Tahiti. 'Ia tae 'i te tau nō te pafa'ira'a 'anani nō te fa'a nō Puna'aru'u 'i te mata'eina'a nō Puna'aui.i, 'e haere te mau ta'ata 'ato'a tei mātau 'i te haere 'e ti'i

'i te'anani 'i roto 'i te reira fa'a. 'E haere rātou 'i te po'ipo'i roa e tā
rātou mau pūte e tō rātou mau 'ahu e te 'ahu ta'oto nō te pō, nō te mea
'ia haere 'e pafa'i 'i te 'anani 'i te reira fa'a, 'e ta'oto ia te mau ta'ata
'i uta. 'Ia po'ipo'i, 'ei reira rātou 'e pafa'i ai 'i te 'anani. Te tau
nō te pafa'ira'a 'anani nō Puna'aru'u, tei roto ia 'i te ārea nō te 'ava'e
mē, tiunu, tiurai, atete.

'E haere rātou 'i te po'ipo'i roa nā raro noa. 'I te āhiāhi 'ua tae ia
rātou 'i te vāhi fa'afa'aeara'a. 'I te reira taime 'e tāmā'a ri'i rātou e
ta'oto, e, 'ia po'ipo'i ā'e, 'e haere fa'ahou rātou 'i te tahi vāhi huru
ātea ātu, e, tei reira te ūru 'anani nō te fa'a nō Puna'aru'u.

'Ia tae 'i te parara'a nō te 'anani, 'e mea rahi roa te 'anani 'i ni'a 'i
te tumu. 'E re'are'a noa 'i ni'a 'i te mau tumu. 'Ia tae te mau ta'ata
'i te reira vāhi, 'e pa'uma rātou nō te pafa'i 'i te 'anani e nō te fa'a'ī
tā rātou mau pūte. 'E raverahi mau ta'ata 'e haere, nō te mea 'e mea
'oa'oa nā rātou 'i te haere 'i roto 'i te fa'a nō Puna'aru'u nō tōna
ruperupe e te haviti mau 'ia hi'o hia.

'Ia oti tā rātou pafa'ira'a 'anani, 'e pou mai rātou 'i raro, mai te
āmo mai 'i te' anani tā rātou 'i pafa'i mai. 'E mea huru ātea 'ia haere.
'E raverahi mau taime 'e fa'afa'aea rātou. 'I muri iho, 'e haere fa'ahou,
'a tae roa ātu ai 'i te vāhi papū, 'oia ho'i 'i te mata'eina'a nō Puna'auia.

141. The Apetahi Flower

Vocabulary:

te parau	the word, description	*mai*	like, as
te tiare	the flower	*mahora*	to spread open
apetahi	name of a flower	*po'o'a*	to make a noise
āre'a ra	however	*'uo'uo*	white
tupu	to grow, exist	*matie*	green
āna'e	only	*te a'ahiāta*	the dawn
te mou'a	the mountain	*fa'aro'o*	to listen to
pafa'i	to pick, gather	*ē*	different
te 'u'ā	the bloom	*mātau*	to be used to

Translate:

Te vai ra ia 'e raverahi te mau tiare; āre'a ra 'i te motu nō Ra'iātea te vai ra ia te hō'e tiare 'e'ita 'e tupu 'i te mau vāhi 'ato'a; 'oia ho'i te tiare apetahi. Taua tiare ra, tei te fenua Ra'iātea āna'e ia.

Te vāhi tei reira tēra tiare, tei ni'a ia 'i te mou'a ra 'ō Temehani. 'E raverahi mau ta'ata 'e haere 'i te tahi mau taime 'e pafa'i mai 'i teie tiare, 'oia ho'i te tiare apetahi, nō te mea 'e 'ere tōna 'u'ā mai tō te mau tiare 'ato'a. 'Ia mahora tōna 'u'ā 'i te po'ipo'i, 'e po'o'a 'oia. 'Ia mahora mai, 'e mahora 'oia mai te rima ta'ata. 'E tiare nehenehe roa, mea 'uo'uo 'ō mua, e, 'e mea matie 'ō raro ā'e mai.

Nō te haere 'e ti'i 'i teie tiare, 'e haere ia te ta'ata 'i te po'ipo'i roa nō te tae ātu 'i te vāhi pafa'ira'a 'i te pō. 'Ei reira rātou 'e ta'oto ai. E 'ia a'ahiāta, 'e haere rātou 'i piha'i iho 'i teie mau tiare nō te fa'aro'o 'i te po'o'ara'a mai, nō te mea 'ia mahora tō rātou 'u'ā 'e po'o'a 'oia. 'E tiare maere rahi mau teie. 'E 'ere 'oia mai te mau tiare 'ato'a tei mātau hia 'e te ta'ata.

142. House-building

Vocabulary:

hamani	to build
te fare	the house
te ni'au	the coconut tree leaves
ma'ohi	Polynesian
te tumu	the trunk of a tree
te pou	the post
tāpo'i	to cover
te 'ofe	the bamboo
ha'une	to weave
te paruru	the wall, screen
te 'opani	the door
te ha'amaramarama	the window
te tumu ha'ari	the trunk of a coconut tree
te rā'au	the tree
'afaro	straight
te purau	a kind of tree (*Hibiscus tiliaceous*)
te 'aho	the rafter
fa'ati'a	to sink a post, to agree
tāmau	to attach, make fast
te tahua	the floor
tu'u	to put in
poto	short
āto	to thatch

Translate:

Te hamanira'a 'i te hō'e fare Tahiti, 'oia ho'i te fare ni'au. Nō te hamani 'i te hō'e fare ma'ohi, 'e tāpū hia ia te ni'au; 'e tāpū 'ato'a hia te tumu ha'ari. 'E rave hia te mau tumu nō te hamani 'i te pou nō te fare. 'E rave hia te mau ni'au nō te tāpo'i 'i te fare. 'E tāpū 'ato'a hia te 'ofe, 'e ha'une hia nō te hamani 'i te paruru nō te fare, te 'opani e te mau ha'amaramarama.

Nō te hamanira'a 'i te mau pou 'e rave hia ia te mau tumu ha'ari. Nō te tāpo'i 'i te fare, 'e ha'une hia ia te ni'au. E 'ia oti, 'e tāpo'i hia ia te fare 'i te mau ni'au ha'une hia. 'E tāpū 'ato'a hia te mau rā'au 'afaro, 'oia ho'i te mau rā'au purau e, 'e raverahi ātu ā, nō te hamani 'i te 'aho 'ō te fare. 'Ia oti te mau pou 'i te fa'ati'a hia, 'e tāmau hia ia te mau 'aho. 'Ia oti te reira, e āto hia ia te fare. 'I muri iho 'e hamani hia te tahua 'ō te fare. 'E tu'u hia te mau pou potopoto nā roto, e, 'e tāmau hia te tahua 'i te 'ofe 'o tei ha'une hia. 'E tāmau hia te mau paruru 'ofe, te mau ha'amaramarama e te mau 'opani. 'Ua oti ia 'i teie nei te hō'e fare ma'ohi.

143. Fishing with Stones
Vocabulary:

te tautai	fishing
taora	to throw
te 'ofa'i	the stone
taī'a	to fish
te tau	the time
fa'atupu	to organise
fa'ari'i	to receive, welcome
te hui ra'atira	the population
te himene	the song
te 'ori	the dance
te tāmā'ara'a	the feast
fa'a'ati	to visit, tour
māta'ita'i	to observe, admire
fa'anaho	to organise
tāmau	to wear, put on
te hei	the crown of flowers
te 'arapo'a	the neck, throat
te pareu	the loin-cloth
rau	diverse, numerous
te 'aua	the enclosure
ātea	far, distant
tiahi	to chase
horo	to run
te tahatai	the shore
pata	to take a photo
te hoho'a	the photo
taviri	to film
'ana'anatae	pleasing, eager, enthusiastic

Translate:

Te tautai taora 'i te fenua Borabora. 'E tupu ia teie huru taī'ara'a 'i te mau mahāna 'e raverahi te mau rātere 'e haere 'i te fenua Borabora. 'I te reira taime 'e fa'atupu hia te hō'e fa'ari'ira'a 'i te mau rātere nā te hui ra'atira nō Borabora, 'oia ho'i, te mau himene, te mau 'ori e te mau tāmā'ara'a Tahiti. 'Ia oti te reira, 'e haere te mau rātere 'e fa'a'ati 'i te fenua Borabora. 'Ia oti, 'e haere rātou 'e māta'ita'i 'i te huru nō te 'ohipa 'ō te tautai taora 'i Borabora.

Teie te fa'anahora'a nō teie huru tautai. 'E haere pauroa te mau hui ra'atira nō Borabora, te tāne e te vahine mai te tāmau mai 'i te hei 'i ni'a 'i te ūpo'o, 'i te 'arapo'a, mai te tāmau 'ato'a mai 'i te mau pareu, 'ua rau te huru. 'I te reira taime 'e haere rātou 'i roto 'i te miti nō te hamani 'i te hō'e 'aua 'ofa'i. 'Ia oti te reira, 'e haere ia te hui ra'atira ta'ato'a, te tāne, te vahine, te mau tamari'i 'i te hō'e vāhi ātea ma te taora 'i te 'ofa'i 'i roto 'i te miti nō te tiahi 'i te i'a 'i roto 'i te 'aua. 'I te reira taime 'e horo pauroa te i'a 'i roto 'i te 'aua 'i te pae tahatai.

'I reira te mau rātere 'e haere mai ia 'e māta'ita'i 'i te mau i'a 'i roto 'i te 'aua ma te pata 'i te hoho'a, ma te taviri 'i te hoho'a nō teie huru tautai. 'E nehenehe tā te mau rātere pa'ato'a 'e haere 'i roto 'i te 'aua i'a, ma te rave mai 'i te i'a tā rātou 'e hina'aro. Nō teie huru tautai 'i te fenua Borabora 'e mea 'ana'anatae roa ia nā te mau rātere. E nō reira 'e raverahi te mau rātere 'e haere 'i te fenua Borabora nō te māta'ita'i 'i teie huru tai'ara'a.

144. The Breadfruit Legend

Vocabulary:

te 'a'amu	the legend	*pahono*	to answer
te 'uru	the breadfruit	*ta'i*	to cry
te tau	the time	*fa'ahou*	again
matamua	first	*roa'a*	to be obtained
pohe	to die	*ha'apohe*	to cause to die
toe	to remain	*riro*	to become
āna'e	alone	*te tumu 'uru*	the breadfruit tree
fa'a'apu	to cultivate	*hotu*	to produce, bear fruit
te mou'a	the mountain		
'imi	to gather, collect	*āra*	to wake up
ō'e	to be in a state of famine	*tupu*	to be present, grow
		'ī	to be full
fifi	to be in difficulties	*'oa'oa*	to be happy
te pae tahatai	the sea-shore	*auā'e*	fortunately
mihi	to weep, lament	*te tino*	the body
noa	always		

Translate:

'I te tau matamua te vai ra ia te hō'e metua vahine, 'ua pohe tāna tāne, e, 'e mea rahi roa tāna mau tamari'i. 'I te reira tau, 'oia ho'i 'i te tau matamua 'i te pohera'a tāna tāne, 'ua toe noa mai 'oia āna'e iho e tāna mau tamari'i. Nō reira, nō te fa'a'amura'a 'i tāna mau tamari'i 'e haere 'oia 'e fa'a'apu nō te tanu 'i te mā'a. Nā mua ā'e, nā tāna ia tāne 'e haere 'e fa'a'apu, e 'e 'imi 'i te mā'a nō te fa'a'amu 'ia rātou. 'I teie nei 'ua pohe te tāne 'ā taua vahine ra; nāna ātura ia 'e 'imi 'i te mā'a.

'I taua tau ra 'ua ō'e pauroa te fenua 'i te mā'a. 'Ua fifi roa teie vahine e tāna mau tamari'i, nō te mea te ō'e nei 'e rātou 'i te mā'a. 'I te tahi mahāna 'ua haere 'oia 'i te pae tahatai e 'ua mihi noa 'oia 'i tāna tāne.

'I te reira taime 'ua haere mai te hō'e ta'ata. 'Ua parau ātu 'iāna "'e aha tā 'oe 'e mihi nei?"

'Ua pahono ātu teie vahine: "te mihi nei vau nō te mea 'aita tā mātou 'e mā'a fa'ahou."

'Ua parau ātura teie ta'ata, "'I teie nei, 'eiaha 'oe 'e mihi nō te mea 'e roa'a tā 'outou mā'a." 'I te reira taime 'ua parau taua ta'ata ra 'i teie vahine: "'eiaha roa 'oe 'e mihi fa'ahou, nō te mea, 'ananahi 'ia po'ipo'i, 'ia āra mai 'oe, 'e 'ite 'oe 'i te hō'e tumu 'uru 'i mua 'i tō 'oe fare. Taua tumu 'uru ra, 'o tō'u ia tino 'o tā'u 'i fa'ariro 'ei tumu 'uru, 'ia ora 'oe e tā 'oe mau tamari'i."

'I te po'ipo'i ā'e 'i te ārara'a mai teie vahine, ua tupu te tumu 'uru 'e te hotu noa ra. 'Ua 'ī roa 'i te mā'a. 'Ua 'oa'oa roa teie vahine nō te mea auā'e teie ta'ata 'i 'amu ai rātou 'i te mā'a nō te mea 'ua fa'ariro teie ta'ata 'i tōna tino 'ei tumu 'uru. Nō reira mai, te 'a'amu nō te tumu 'uru, 'oia ho'i te 'uru.

145. The Lepers' Feast Day

Vocabulary:

te repera	the leper
te 'oro'a	the feast, celebration
parau	to call, speak
hou 'a	before
te tauiha'a	the present, gift
hopoi	to send
te pū	the centre
te ha'uti	the toy
te tuha'a	the part
fa'ahanahana	to honour
ha'amata	to open
te fa'ata'ira'a pū	the fanfare
te fa'ehau	the soldier
fa'ahou	again, once more
pahono	to reply
tomo	to enter, come in
te fa'aro'o	the religion, sect
te pupu	the group
te āhiāhi	the evening
te pupu fa'a'arearea	the orchestra
'opani	to close, end
te ta'a'era'a	the farewell
fa'aoti	to conclude
ho'i	to return

Translate:

Te parau nō te mau repera nō Orofara Tahiti. 'E tupu 'i Tahiti 'i te mau matahiti 'ato'a te hō'e 'oro'a nō te mau repera nō Tahiti, 'oia ho'i nō Orofara. 'E parau hia taua mahāna ra, te mahāna 'ō te mau repera. Hou 'a tupu ai teie 'oro'a rahi, 'e raverahi ia mau tauiha'a 'e hopoi hia 'i te pū nō Orofara, te vāhi tei reira te mau repera. 'E horo'a hia nā rātou 'e raverahi mau mā'a, te mau tauiha'a 'e tae roa ātu 'i te mau ha'uti nā te mau tamari'i, 'oia 'ato'a ho'i te mau tuha'a moni.

'Ia tae 'i taua mahāna 'oro'a ra, 'e haere ia te Tavana Rahi 'i Orofara nō te fa'ahanahana 'i te 'oro'a 'ā te mau repera. 'I te reira po'ipo'i 'e ha'amata hia ia te 'oro'a nā roto 'i te hō'e fa'ata'ira'a pū 'ā te mau fa'ehau. 'Ia oti te reira, 'e paraparau mai te Tavana Rahi, mai te pahono hia ātu 'e te Tavana nō Orofara. 'E paraparau fa'ahou te Tavana Rahi nō te pahonora'a 'i te Tavana nō Orofara. 'Ia oti te reira, 'o te mau himene ia nā tō Orofara. 'I muri iho, 'e tomo mai te mau huru fa'aro'o 'ato'a, te mau pupu himene nō te fa'ahanahana 'i te 'oro'a 'ā te mau repera 'e tae roa ātu 'i te āhiāhi.

'I taua mahāna 'ato'a ra, 'e raverahi mau himene 'e himene hia mai 'e te mau repera iho nō Orofara, 'oia 'ato'a ho'i te mau pupu fa'a'arearea nō te 'oire nō Pape'ete, te mau pupu himene, e te 'ori, 'oia ho'i te pupu Heiva, te pupu Maeva Tahiti, te pupu Tahiti Nui, e te pupu Paulina nō te haere mai 'e fa'ahanahana 'i taua 'oro'a ra. 'E himene 'ato'a mai ia te mau pupu fa'aro'o huru rau. Nō te 'opanira'a 'i teie 'oro'a 'e paraparau fa'ahou ia te tavana nō Orofara, mai te ha'amaurūru hia ātu 'e te Tavana Rahi. 'Ia oti, 'e himene hia mai te himene nō te ta'a'era'a nā te pupu iho nō Orofara, e, 'o te fa'aotira'a ia te 'oro'a 'ō te mau repera. 'I te reira taime 'e ho'i pauroa te mau ta'ata 'i te 'oire nō Pape'ete. 'O te huru ia te mau fa'anahora'a nō te 'oro'a 'ō te mau repera 'i Tahiti.

KEY TO EXERCISES

§14(a)

1. The house. 2. The men. 3. A dog. 4. Another man. 5. The hands. 6. A few men. 7. A few houses. 8. Mr Peu. 9. The bitch. 10. The boar. 11. The bitch (with litter). 12. The rooster. 13. The pawpaw (female). 14. The other houses. 15. Mrs Terii. 16. The breed of dogs. 17. The shoal of fish. 18. The bundle of food. 19. The bunch of breadfruit. 20. The bunch of flowers. 21. The Peu family. 22. The troop of men. 23. The bunch of mangoes. 24. The bunch of coconuts. 25. The bundle of breadfruit.

§14(b)

1. *Te ta'ata.* 2. *Te mau ta'ata.* 3. *Te hō'e 'uri.* 4. *Na metua.* 5. *Na rima.* 6. *Tau na ta'ata.* 7. *Na parahira'a.* 8. *Teri'i tāne.* 9. *Te 'uri ufa.* 10. *Te pua'a maia'a.* 11. *Te 'uri fanau'a.* 12. *Te pinia mamoe.* 13. *Te mau 'uri ōni.* 14. *Te moa ufa.* 15. *Tau na moa ufa.* 16. *Te hō'e nana mamoe.* 17. *Te hō'e pu'e tamāhine.* 18. *Te hō'e nana 'uri.* 19. *Te atari mai'a.* 20. *Te hō'e ruru vahie.* 21. *Te hō'e pupā tiare.* 22. *Te hui mana.* 23. *Te feiā tai'a.* 24. *Peu mā.* 25. *Te hō'e pupā vi.*

§22(a)

1. There are three men. 2. Three dogs. 3. There are three fish. 4. There are twenty men. 5. There are two men. 6. The fifth night. 7. How many fish are there? 8. There are six. 9. The sixth girl. 10. It is twelve o'clock. 11. It is ten past three. 12. It is half past seven. 13. The sixth of March. 14. It is two minutes to five. 15. Next week.

§22(b)

1. *'E toru tau na ta'ata.* 2. *Na 'uri 'e maha.* 3. *'Ehia ta'ata tēra?* 4. *'E piti ta'ata.* 5. *Te ōno 'ō te pō.* 6. *'E hora piti e te āfa.* 7. *'E ōno miniti toe 'e hora toru ai.* 8. *'E hora maha ma'iri 'e iva miniti.* 9. *'E piti 'ahuru ma ōno ta'ata.* 10. *Te maha nō Titema.* 11. *Te 'ahuru ma hō'e nō Mē.* 12. *'I te matahiti 'i mua.* 13. *Te mahāna*

matamua nō Eperera. 14. 'E hō'e 'ahuru miniti toe 'e hora ōno ai.
15. Ōno 'ahuru ha'ari.

§29(a)

1. Beautiful hands. 2. The good dogs. 3. The long outrigger canoes. 4. The very good dog. 5. There are two good dogs. 6. There are seven beautiful houses. 7. The shorter man. 8. The bad men. 9. The pig is bigger than the dog. 10. Peu's house is smaller than yours.

§29(b)

1. *Te fare nehenehe.* 2. *Te mau fare nehenehe.* 3. *Te 'uri maita'i.* 4. *'E tau na va'a roroa.* 5. *Te 'uri maita'i roa ā'e.* 6. *Te 'uri maita'i roa.* 7. *'E va'u mau ta'ata 'i'ino.* 8. *'Ua faito noa te rahi 'ō te 'uri 'i te pua'a.* 9. *'E mea hu'a ā'e te 'uri 'i te pua'a.* 10. *'E mea rahi ā'e te pua'a 'i te 'uri.*

§35(a)

1. This very good dog. 2. That short man. 3. That beautiful house. 4. Those beautiful girls. 5. This beautiful girl. 6. That bad man. 7. Those few bad men. 8. Those dogs. 9. That dog. 10. This shorter man.

§35(b)

1. *Teie fare nehenehe.* 2. *Teie mau 'uri nehenehe.* 3. *Teie na rima haviti.* 4. *Tēra 'uri rahi.* 5. *Tēra mau va'a roroa.* 6. *Teie tau na ta'ata rahi.* 7. *Teie tamāroa iti.* 8. *Tēna nau 'uri maitata'i 'e maha.* 9. *Tēra mimi iti.* 10. *Tēra mau pōti'i haviti.*

§41(a)

1. His knife. 2. Our (dl exc.) dog. 3. Your (pl.) boat. 4. His hands. 5. Your five handsome dogs. 6. The chief's dogs. 7. The mango branch. 8. The carpenters' work. 9. Terii's leg. 10. Peu's dogs. 11. These are their (pl.) boxes. 12. Those are your (dl) beds. 13. That is my book. 14. That is the chief's dog. 15. That is this woman's letter.

§41(b)

1. *Tā'u mau 'uri.* 2. *Tōna ūpo'o.* 3. *Tō rātou mau va'a.* 4. *Tā'u mau tipi 'e ōno.* 5. *Tō rātou mau 'ahu nehenehe.* 6. *Te ūpo'o 'ō te i'a.* 7. *Te 'ama'a 'ō te tumu vi.* 8. *Te 'ohipa 'ā te ta'ata.* 9. *Te ūpo'o 'ō Teri'i.* 10. *Te 'avae 'ō Peu.* 11. *Nā'u tēra rata.* 12. *Nāna*

tēra mau afata. 13. Nā Teri'i teie puta. 14. Nā'u teie uāti. 15. Nā 'outou teie 'amura'amā'a.

§48(a)

1. I ate. 2. He wants a box. 3. They (pl.) will cry. 4. You two are going to town. 5. He gave the present. 6. They (pl.) were drinking beer. 7. The man killed a pig. 8. The women were looking at the sea. 9. The man will eat the mango. 10. The boys are running. 11. The turtle was killed by the fishermen. 12. The man was bitten by the shark. 13. I shall hit the dog with a stick. 14. He was elected member of the Territorial Assembly. 15. The yams were cooked by me. 16. The flowers were planted by the girl. 17. The wood will be cut by you (pl.). 18. A coconut tree is being planted. 19. The rat was eaten by the dog. 20. The dog was hit by him.

§48(b)

1. Te 'amu nei au 'i te hō'e vi. 2. Te 'aū ra 'oia 'inanahi. 3. 'Ua 'ia hia tō'u tāūpo'o 'inanahi. 4. 'Ua pa'imi hia te pōti'i 'e te tamaiti. 5. 'E tāpū vau 'i te vahie 'ananahi. 6. 'E 'āu tāua. 7. Te 'amu ra rātou 'i te mau vi. 8. 'Ua hohoni te 'uri 'i tō'u 'avae. 9. 'Ua pohe te tavana 'inanahi. 10. 'Inanahi 'ua ho'o mai vau 'i te mau puta 'e maha. 11. 'Ua hina'aro vau 'i tāna 'uri. 12. Te hi'o nei te pōti'i 'i te miti. 13. Te ta'oto nei te 'uri. 14. 'Ua haere 'oia 'i te 'oire. 15. 'Ua 'ia 'oe 'i tā'u puta.

§55(a)

1. He grows mangoes. 2. They (pl.) broke the glasses. 3. I shall bring my things. 4. You spilled the milk. 5. He killed a pig. 6. They (pl.) stared at the girls. 7. They two will go to the market. 8. The men left. 9. The girls are chattering. 10. We two (exc.) slept.

§55(b)

1. 'E ha'aputu hia te mau ha'ari marō 'ato'a. 2. 'E fa'anehenehe 'oia 'i te piha. 3. 'E ha'apo'i hia 'oia. 4. 'E fa'aoti vau 'i ta tāua parauparau ra. 5. 'E fa'a'ati hia te 'upe'a. 6. 'E fa'a'ite ātu vau 'iāna. 7. 'Ua fa'atupu hia te hō'e tāmā'ara'a. 8. 'Ua fa'atae hia mai te mau pua'atoro 'i Tahiti. 9. 'Ua hoehoe te mau ta'ata. 10. 'Ua hi'ohi'o 'oia 'i te i'a.

§62(a)

1. The girl was not sought by the boy. 2. His hat was not stolen yesterday. 3. Moana is not sleeping. 4. The ground is not wet. 5. I am not reading. 6. I shall not cut the wood. 7. You will not drink the wine. 8. He will not swim. 9. They (pl.) will not go to the market. 10. I am not eating.

§62(b)

1. 'E'ita vau 'e haere 'i te mātete. 2. 'Aita te tao'a 'i horo'a hia 'i te tavana. 3. 'Aita te mau ta'ata 'i tae mai. 4. 'Aore au 'e tāmā'a nei. 5. 'Aita 'outou 'i tāmā'a. 6. 'E'ita te 'uri 'e hohoni 'i te ta'ata. 7. 'E'ita 'o Peu 'e 'āu. 8. 'E'ore au 'e 'amu 'i te ūfi. 9. 'Aita te vahine 'i tanu 'i te tumu ha'ari. 10. 'E 'ere rātou 'i te tamari'i.

§71(a)

1. We two (exc.) left. 2. There are the Tuamotu Islands. 3. He will arrive in the district of Paea. 4. He will go to Mataiea. 5. He was received by the Queen. 6. A feast was organised. 7. I will explain to him about the work. 8. They (pl.) let down the nets. 9. They (pl.) go to the edge of the lagoon. 10. We two (exc.) think we will go to the islands.

§71(b)

1. 'E tāmā'a maita'i 'ōrua 'i teie mahāna. 2. 'E haere te mau ta'ata 'ato'a. 3. 'Ua haere rātou 'i te po'ipo'i. 4. 'E tāmā'a rātou. 5. Te vai ra te mau tiare 'i te mau motu 'ato'a. 6. 'E'ita taua tiare ra 'e tupu 'i te mau vāhi 'ato'a. 7. 'Ua ti'i 'outou 'i tēra tiare. 8. Te haere nei tātou 'i roto 'i te hō'e fare toa. 9. Te hina'aro nei vau 'i te hō'e piripou. 10. 'E rave vau.

§76(a)

1. The ground is wet. 2. This is my wife. 3. I have two pigs. 4. They (pl.) have a good dog. 5. That is his house. 6. The yams are not hard. 7. That man is very big. 8. That girl is beautiful. 9. It is not small. 10. We two (exc.) have no money.

§76(b)

1. 'E mea roa te purumu. 2. 'E 'ere 'i te mea roa. 3. 'E 'i'ita tō 'onei. 4. 'E tāmā'ara'a tō 'ananahi. 5. 'E pua'a tā te tavana. 6. 'Aita tō'u 'e fare. 7. 'E piti tōna rima. 8. 'E mea āu rou te 'anani. 9. 'Aita tā rātou 'e moni. 10. 'E 'ere 'i te mea puai 'oia.

KEY TO EXERCISES

§79(a)
1. The day before yesterday I went fishing. 2. I cried this morning. 3. This afternoon we (pl. inc.) shall go and buy some bread. 4. Tomorrow morning we (dl inc.) shall work. 5. Tonight I shall sleep at home. 6. Tomorrow I shall buy a car. 7. The girl often cries. 8. Terii is still eating. 9. Yesterday he gave a book. 10. I saw the girl the day before yesterday.

§79(b)
1. *'Ua 'ite vau 'ia 'oe 'inanahi ra.* 2. *'I teie mahāna 'ua hohoni te 'uri 'i te tamāroa.* 3. *'Inanahi 'ua 'ia hia tō'u tāupo'o.* 4. *'Ananahi 'e pāpa'i vau 'i te rata.* 5. *'Ua fatata te taime 'e tae mai tātou 'i Tahiti.* 6. *'Ananahi 'ia po'ipo'i 'e haere rātou 'e tai'a.* 7. *'Ua hohoni te 'uri 'i tō'u 'avae 'inanahi ra.* 8. *'I teie āhiāhi 'e haere tātou 'i te 'oire.* 9. *'I teie pō 'e 'amu tātou 'i tā Peu pua'a.* 10. *'Inanahi 'ua 'ite au 'i te mau tiare nehenehe.*

§82(a)
1. The glass is on the table. 2. The wine bottle is under the table. 3. I shall go to town. 4. They (pl.) went to Terii's place. 5. He came. 6. I left. 7. Today I shall go to town. 8. They (pl.) will come at two o'clock. 9. He did that man's work. 10. Drink this water!

§82(b)
1. *Tei roto te i'a 'i te miti.* 2. *'Aita 'e i'a 'i roto 'i te miti.* 3. *Tei mua mai te 'uri 'i te fare.* 4. *Tei ni'a iho 'oia 'i te tumu rā'au.* 5. *Tei muri mai te ta'ata 'i te fare.* 6. *'E pāpa'i mai 'oe 'ia'u 'i te rata.* 7. *'I teie mahāna 'e reva ātu ai vau 'i Auteraria.* 8. *'I te hora pae 'e tae mai ai rātou.* 9. *'Ua haere mai te ta'ata.* 10. *'E parau mai 'oe 'ia'u.*

§86(a)
1. I shall go and get some food for my dog. 2. I shall buy a chair for my house. 3. I got a canoe for you. 4. You (pl.) will give the present to the girl. 5. He went to town with his dog. 6. He swims well. 7. He left quickly and went fishing. 8. He is a good swimmer. 9. That is my book. 10. I bought a pig for my parents.

§86(b)
1. *'E ho'o mai vau 'i te tāupo'o nō 'oe.* 2. *'Ua ho'o mai 'oia 'i te i'a nā tāna vahine.* 3. *'Ua ho'o mai vau 'i te ma'a i'a nō te tāmā'ara'a.* 4. *'Ua rave rātou 'i te puta nā'u.* 5. *Nā Teri'i taua puta ra.* 6. *'Ua*

K

haere vau 'i te 'oire e 'o Peu. 7. 'Ua 'āu 'oia e tāna 'uri. 8. 'Ua 'āu vitiviti 'oia. 9. Te 'āu vitiviti nei 'oia. 10. 'Ua hamani vau 'i teie va'a nō 'oe.

§89(a)

1. They (pl.) went to get the bread. 2. Terii went to cut the wood. 3. I went because I want the book. 4. He stayed home because it is raining. 5. I like it because it is a beautiful flower. 6. He went to take a walk. 7. He was still asleep because he was tired. 8. I work in order to live. 9. He built a boat so that he could go fishing. 10. He left at noon because he is eating at Mr Terii's house.

§89(b)

1. 'Ua haere 'oia nō te rave mai 'i te ī'a. 2. 'Ua rave 'oia 'i te hamara nō te hamani 'i te fare. 3. 'Ua ho'o mai 'oia 'i te ūfi nō te horo'a ātu 'i tōna metua vahine. 4. 'Ua 'iria 'oia nō te mea 'ua 'amu vau 'i tāna ī'a. 5. 'Ua 'oa'oa vau nō tōna taera'a mai. 6. 'Ua here vau 'iāna nō tōna haviti. 7. 'Ua parahi noa 'oia nō te mea 'ua rohirohi 'oia. 8. 'Ua marua te mau rau'ere rā'au nō te mea 'ua puai te mata'i. 9. 'Ua haere 'oia 'e hopu 'i te miti nō te ve'ave'a 'ō te mahāna. 10. 'E haere ātu 'oia 'i te 'oire nō te farerei 'i tōna hoa.

§91(a)

1. Chop the wood. 2. Look! 3. Do not cry. 4. May they (pl.) like the girl. 5. Do not swim here. 6. Sit down. 7. Stand up. 8. Do not take the knife. 9. Do not pick the hibiscus. 10. Come back at five o'clock.

§91(b)

1. A 'amu 'i taua mau ūfi ra. 2. 'Eiaha 'e ta'iri 'i te 'uri. 3. A horo'a mai na 'i tēra puta. 4. 'Ia 'oa'oa rātou. 5. 'Eiaha 'e horo vitiviti. 6. A haere a rave mai 'i te ī'a 'i te mātete. 7. A 'ana mai 'i te ha'ari. 8. 'Eiaha 'ia mo'e hia 'ia 'oe 'i te rave mai 'i te titeti teata. 9. 'E haere tāua 'e ti'i 'i te poti 'i teie āhiāhi. 10. 'Ia ineine tātou nō te taera'a mai te tavana rahi.

§96(a)

1. Is that bird white? 2. Will he swim tomorrow? 3. Did he hit his dog? 4. Who is that woman? 5. Who hit my dog? 6. Who is crying in the room? 7. Who was put in prison? 8. Who was given the book by the chief? 9. Whom are you going to see? 10. Which fish did you (pl.) take?

KEY TO EXERCISES

§96(b)

1. *'E haere rātou 'i ō vai mā?* 2. *Tehia 'uri tāna 'e hina'aro?* 3. *Nā vai tēra uāti?* 4. *'Ua rave hia 'e vai?* 5. *Nō vai tēra pere'o'o?* 6. *'Ua horo'a rāua 'i te tao'a 'ia vai?* 7. *'O vai tēra ta'ata?* 8. *'O vai tei ta'iri 'i te 'uri?* 9. *'O vai tā 'oe 'i 'ite 'i te 'oire?* 10. *Nā vai 'i rave 'i te farāoa?*

§103(a)

1. Why are they (pl.) swimming? 2. Why did he hit the dog? 3. Why was the dog killed? 4. Where did he put the book? 5. Where is the woman going? 6. Where are you going now? 7. What are we (pl. inc.) doing tonight? 8. When did he give the book? 9. How did they (pl.) build the canoe? 10. What are you (pl.) eating?

§103(b)

1. *Nō te aha rātou 'i rave ai?* 2. *Nō te aha 'oe 'i haere mai ai?* 3. *Tei hea te fare rata?* 4. *'Ua haere 'oe 'i hea 'inanahi?* 5. *Inafea te vahine 'i ta'oto ai?* 6. *Mai hea mai 'oe?* 7. *'O vai tō 'oe ī'oa?* 8. *'E mea nafea tā rātou taparahira'a 'i te ma'o?* 9. *'E aha tā 'oe 'i horo'a ātu 'ia rātou?* 10. *Tei hea tō 'oe tāūpo'o?*

§107(a)

1. It is you (pl.) who hit me yesterday. 2. I saw a man building the house. 3. I shall buy the dog that will be given to them. 4. That is the house that I like. 5. That is the dog that they (pl.) bought. 6. I know the carpenter who built that house. 7. I went to get the pig which will be killed for the wedding. 8. I know the man who is being sought by the police. 9. I have found the money that you lost. 10. I very much like the car that he bought.

§107(b)

1. *'O 'oe te hamani 'i te va'a.* 2. *'Ua 'ite au 'i te ta'ata 'o tei ta'iri 'i tā 'oe 'uri.* 3. *Teie te pōti'i 'o tei tanu 'i te tiare.* 4. *Tēra te pōti'i tā tātou 'i 'ite.* 5. *Teie te rata tā te tavana 'i pāpa'i.* 6. *'Ua reva ātu te ta'ata tei pāpa'i 'i teie puta.* 7. *'Ua farerei vau 'i te pōti'i tei fa'aipoipo hia 'inanahi ra.* 8. *'Ua 'ite au 'ia Moana 'i te tanura'a 'i te hō'e tumu ha'ari.* 9. *'Ua haere vau 'ē hi'o 'i tā'u vahine 'i te 'āura'a.* 10. *'O rāua tei haere 'e rama mai 'i te 'oura-miti.*

§118(a)

1. I do not know when they (pl.) came. 2. You (pl.) drank beer as you swam. 3. They (pl.) do not know why he cried. 4. I know why he was elected mayor. 5. That man said that you are a good man. 6. We (pl. inc.) do not know when he will return. 7. I do not know how he caught the pig. 8. He does not know whether they are coming. 9. I hope that you understand my letter. 10. I thought that you left.

§118(b)

1. 'Ua 'ite vau 'i te mahāna 'oia 'i reva ātu ai. 2. 'Ua ōri haere 'oia ma te 'amu 'i te hō'e 'anani. 3. 'Aita vau 'i 'ite nō te aha 'oia 'i ha'aparari ai 'i te hapaina. 4. 'Ua 'ite au 'i te mahāna 'oia 'i hamani ai 'i te fare. 5. 'Aita rātou 'i 'ite nō te aha 'oia 'i reva ātu ai. 6. 'Ua 'ite rātou 'e aha tā'u 'i rave 'inanahi ra. 7. 'Ua 'ite au ē 'ua pāpa'i mai 'oe 'ia'u. 8. 'Ua parau 'oia 'e ta'ata 'ino 'o 'oe. 9. 'Ua mana'o vau ē 'e mea puai 'oia. 10. 'Ua 'ite au 'e mea nafea tō te pōti'i ha'apararira'a 'i te hi'o-ha'amaramarama.

§126(a)

1. We two (inc.) are looking at each other. 2. He sees himself in the water. 3. They (pl.) bought the bread. 4. He hit Peu's dog. 5. Tomorrow I shall try to go fishing. 6. Do you know how to prepare yams? 7. They (pl.) know how to build a house. 8. I can build a house. 9. Can you lift the stone? 10. I cannot lift the stone.

§126(b)

1. Te hi'ohi'o nei rātou rātou iho. 2. 'Inanahi ra 'ua horohorōi rāua rāua iho. 3. Nā tēra ta'ata 'i ta'iri 'i te 'uri 'ā Teri'i. 4. 'E tāmata 'oia 'i te hamani 'i te afata. 5. 'E nehenehe tā'u 'e rave 'i te 'ofa'i. 6. 'E'ita tāna 'e nehenehe 'e rave 'i te 'ofa'i. 7. 'Ua 'ite anei 'oe 'i te hamani 'i te fare? 8. 'E nehenehe anei tā 'outou 'e tanu 'i te ūfi? 9. E, 'e nehenehe roa tā mātou 'e tanu 'i te ūfi. 10. 'E'ita tā mātou 'e nehenehe 'e tanu 'i te ūfi.

§131(a)

1. I do not want you to break my glass. 2. The man wants you to help him. 3. They (pl.) want to build a house. 4. We (pl. inc.) do not want to swim. 5. I must go and get the money. 6. You must not hit that dog. 7. You must come and eat. 8. I want a ballpoint pen. 9. I had to go and get the money. 10. If the weather is fine tomorrow, we (dl inc.) shall go to the beach.

§131(b)

1. 'E reva ihoa vau 'i teie nei. 2. 'Aita vau 'e hina'aro 'i te haere 'i te 'oire. 3. 'E hina'aro 'oia 'i te hō'e 'anani. 4. 'E haere ihoa vau 'i te fare toa. 5. 'Eiaha 'oe 'e haere 'e 'āu 'i teie mahāna. 6. 'E haere ihoa te pōti'i 'e ti'i 'i te farāoa. 7. 'E hina'aro rātou 'e ho'o mai 'i te poti. 8. Te hina'aro nei rāua 'ia hamani vau 'i te va'a. 9. 'Eiaha 'oe 'e ha'aparari 'i tēra hapaina. 10. Mai te peu ē 'e hohoni tēra 'uri 'i tā'u moa fa'a'amu, 'e taparahi pohe roa vau 'iāna.

KEY TO TRANSLATIONS

§92. Arrival in Tahiti

Now we are arriving at Faaa, the airport of Tahiti. At half past seven the plane of the UTA French airline arrives at Tahiti airport, Faaa. Then the passengers from the UTA plane go into the tourist reception area. I see many tourists from far away lands, from France, America, Europe, and also from New Zealand.

I see a man coming with his bags. He wishes to take a taxi to go to his hotel. The tourist asks the taxi-driver to take him to town, where his hotel is. He asks the taxi-driver:

"Tell me, can you take me and drive me to the hotel?"

"Yes, certainly. Let's go. Where are your bags?"

"Here. You can take them."

"I shall put them in the taxi and we will go to your hotel in Papeete."

§97. The Post Office

This morning a tourist goes to the post office to post his letters and his parcel to America. Now, he goes into the post office. He sees a beautiful post office girl. Then he asks the girl how to post his letters and his parcel.

"Good day, lovely girl. How are things this morning?"

"Very good. What brings you here?"

"I have come to post my two letters and my parcel to America."

"Don't panic; first I shall weigh your letters. Give me your letters. For these two letters it is thirty-two francs. Is your parcel to be sent too?"

"Yes, it is to be sent to America as well."

"Well, give it to me and I shall weigh it. Your parcel is two kilograms. It is 140 taras (700 CFP) to send this parcel by air-mail."

"Thank you, lovely girl. I am very pleased because in coming here I have seen what a beautiful girl you are."

§104. Conversation

"Where have you been today?"

"I went to the market to buy some fish. I arrived at the market and there were no fish. So I only got some red bananas, some sweet potatoes, and yams. How about you? Where have you been today?"

"I have been swimming because I had no work today. I thought I would go and swim a little. When are you going to Raiatea?"

"I think perhaps next week. That is when we will be going to Raiatea. The length of the stay will be perhaps two or three months. And you? Where are you going in the near future?"

"We think we will go to the Matuita Islands because we have some friends there who wrote saying that perhaps we would like to go and stay on Matuita for a few days. We can certainly go out to Matuita."

"Now I think the time has come for me to go swimming. So I shall have to end our conversation. I think, too, that your wife is waiting at home preparing food. May you enjoy your meal."

§108. Visit to the Shops

Here are a few explanatory words about going to the shops. Now we are going into a shop to purchase some items that we want.

I go into the shop and ask the shop-assistant: "I would like a good pair of trousers for myself."

I ask her to give me the blue trousers. So she gives them to me.

"How much are these trousers?"

"They are two hundred taras plus five hundred (1500 CFP). Which ones do you want?"

"I would like those blue ones. How much are they?"

"They are two hundred taras (1000 CFP)."

"Give me the blue ones."

She gives them to me and I take them. I pay the two hundred taras (1000 CFP).

"There is your money. Give me also that beautiful shirt down there that I can see. Could I have it, please?"

"Don't panic, I'll go and get it. Here is your shirt. Do you want it?"

"Yes, that's the one I want. Tell me how much it is."

"This is the price. One hundred taras plus thirty (650 CFP)."

"It is not dear. I'll take it. Wrap up the trousers and the shirt in a parcel. Yes, here is the money for the shirt and trousers.

"I must go; thank you very much for giving me the details about the prices of the shirt and the trousers in this shop."

§119. Copra

A few words about copra making. To make copra, all the dry coconuts are gathered together. When this has been done, the ripe or dry coconuts are cut in two. They are cut up with an axe. After that, the coconuts which have been cut in two are opened up and then one digs around them so as to remove the meat. When this is finished, the coconut meat, that is, the copra, is dried in the sun for a period of two or three weeks, if the weather is good. When the copra is quite dry, it is put into bags to send away, and sold.

§127. The Market

The Tahiti market is always full of produce. There is a great variety every day. This is how it is organised: the Papeete market is always open from Monday until Sunday, from four o'clock in the morning until seven o'clock in the evening. On Sundays it is open from four o'clock in the morning until ten o'clock.

There are many foodstuffs which come from the districts of Tahiti. They come also from the islands of Moorea, Huahine, Raiatea, Borabora. The days when there is most produce at the market are from Thursday until Sunday. From Monday until Wednesday there is not much produce which comes into the Papeete market. There is a large amount of produce and other local products on sale. There are very many kinds of fish; shell necklaces are also sold, and carvings, hats, and baskets.

There are many tourists who come to the Papeete market to look at the quantity of produce and the fish. Because of the great variety of products, the Papeete market has become the delight and joy of the tourists.

§132. Fishing

Today, the twentieth of February 1968, Terii wants me to explain to him fishing methods in Tahiti. I shall explain to him the method of fishing with nets at the edge of the reef. Many canoes go out to the edge of the reef. They let down their nets at the reef's edge so as to chase the fish into them. Then the nets are closed. Next, they dive into the water to collect the fish so as to put them into the canoes.

After that, they change fishing areas. They go to the edge of the lagoon and once more let down their nets. It is the accompanying canoes which go and chase the fish into the nets. After this, the fishermen dive into the sea to spear the fish, and then put them into the canoes.

KEY TO TRANSLATIONS

§134. Pearl-shell Diving

The work of pearl-shell diving is done every year in the Tuamotus. The pearl-shell diving season lasts three or four months. We know that the Tuamotus are surrounded by reefs. In the middle of the land is the sea. It is there that pearl-shell is dived for.

In order to dive for pearl-shell, men go out into the deep water in outrigger canoes. When they arrive, they say a prayer before diving. There are two men in each canoe, one who dives and one who remains in the canoe to pull up the pearl-shell baskets which are filled by the diver. This diver descends on a rope to which a lead weight is attached, since it is this lead weight which brings him quickly to the bottom of the water. When he gets to the bottom, he takes his basket and fills it with pearl-shell. When it is full, in order to signal the ropeman in the canoe, he pulls three times on the rope. Then he comes up and the pearl-shell basket is pulled up as well.

When the diving is finished, the pearl-shell is sent to the pearl-shell merchants in Papeete. Then the divers receive their pay.

§135. Tahiti

Here are a few words about the French island departments of Polynesia, Tahiti, the main island, and the town of Papeete. Besides Tahiti, there are the Leeward Islands, the Tuamotus, Maareva, Matuita, the Windward Islands, Raiatea, Borabora, Huahine, and Maupiti. First we will talk about the area of Papeete, Tahiti.

In Papeete there are new houses being built, and roads being repaired. For this reason it can be said that in the future Papeete will become the delight of tourists, since there are very many tourists who come to Tahiti from America, from France, from Britain, and Europe, to admire the beauty of the island of Tahiti.

Here are the things that will be seen by tourists when they come to Tahiti. Before they arrive in the district of Paea, they will see the temple of Arahurahu. From there they go to Atimaono, the main place where sugar-cane is planted for the manufacture of sugar. Then they go on to Mataiea and Papeari. This is the main haunt of the painter Paul Gaugin. From there they go to Taravao. There, there is the biggest cattle-breeding establishment in Tahiti. Here there are New Zealand cattle which are imported to Tahiti to increase milk production. From there they come to Afaahiti. There, there is the Hotel Faratea, where very many tourists come to eat.

They return to Tahiti through the districts of Hitiaa, Faaone, Papenoo, and Haapape.

Before arriving in Papeete, they go to the promontory of Haapape, in other words to Point Venus. There they admire the lighthouse. Also at Point Venus is the statue of the British man, Captain Cook, who arrived in Tahiti in the year 1769 in Matavai Bay. He was received by Queen Pomare IV. After that, a feast was organised in honour of their arrival. We see then that the first people to arrive in Tahiti were British, from the city of London. These people also carried out missionary work in Tahiti.

§136. Things to do in Tahiti

"How are things in Tahiti these days?"

"Good. The rain has stopped a little. Things are very good these days."

"What can I do tomorrow?"

"If it does not rain, you can go and visit the districts. There you will observe the beauty of the countryside. You can also go to Moorea since there are many tourists who go there. You could also go to the Iles Sous le Vent, namely Huahine, Raiatea, Borabora, just as you wish."

"Excellent. Tomorrow you will pick me up and we will go and visit the districts. I do not think it will rain tomorrow. So you can come and pick me up tomorrow morning at half past seven."

"Yes, I shall come and pick you up tomorrow. We shall make a trip around the island."

"What other things are to be done in Tahiti?"

"In the evenings you can go and visit the nightclubs, the singing-spots like the Bar Lea, the Hotel Taaone, the Puooro Plage, the Hotel Tahiti, and still more. You can also go and watch the local dances, Tahitian dancing, the tamure, the paoa, the hivinau, the aparima, and more."

"Thank you very much for the information you have given me about this place. I think perhaps that my Tahitian holiday will be a real delight."

§137. Planting Sweet Potatoes

In order to plant sweet potatoes, the stalks of the sweet potatoes which have been growing for a long time are cut off. Holes are made in which to plant the sweet potato cuttings. These cuttings are placed in the holes which have been dug and where the earth has been piled up. When the sweet potato cuttings have been placed in the holes, they are covered up. One should then water the newly planted sweet potato cuttings, if it does not rain or if the sun is very strong.

The season for planting yams is during the months of May, June, July. The time until one can eat the sweet potatoes, that is to say the time when they are mature, is about five or seven months. The sweet potatoes can then be eaten. When the vegetable is mature, it can be dug up from the ground.

§138. The Eel's Hole

Today I shall tell the story of the eel's hole. There was in the Iles Sous le Vent, notably on Tahaa, in the district of Poutoru, a huge eel which always ate people. All the people who paddled there in their canoes were eaten by that eel when they came to a certain spot. He was at a promontory which was given the name "the Eel's Hole", in other words "Eel's Hole Point". It was past this place that people came in from the districts by canoe. And most of them were eaten by the eel.

At that time there were also many fishermen. The champion of the land at that time was Taarii. His trade was spear-fishing. The people of the island saw that the eel always ate people who travelled by canoe. One day they thought they would go and spear the eel in order to prevent him from ever again eating the people who paddled their canoes to the town.

One day Taarii came armed with his spear. He saw the eel outside his hole. He thought he would spear the eel so that the people who travelled by canoe might live, so that they would never more be eaten by that eel. At this time he speared the eel. From that time on, the name given to that promontory is "Eel's Hole Point".

§139. The Fourteenth of July

The description of the fourteenth of July.

The fourteenth of July has become the National Day of the French Republic. For this reason the festival of the fourteenth of July is always held in Tahiti also. To celebrate the fourteenth of July in Tahiti, amusement and side-show stalls are built everywhere in the town, festooned with all kinds of tropical flowers.

On the thirteenth of July, the day on which the festivities commence, the stalls open from midday until two o'clock in the morning. The next morning, in other words the fourteenth, the main day of the festival, at eight o'clock in the morning there is a march-past by the armed forces and many other groups. At eight o'clock in the morning of the fourteenth of July everyone assembles in the march-past area, in Bruat Avenue. When the Governor of the Territory arrives at his reviewing stand, the motor cycles of the gendarmerie swing past. Following them are the different platoons of soldiers from the army, navy, and air force. Next come groups of singers, dancers, athletes, footballers, basketballers, and many others. Groups from all religious sects also march past, Protestants, Catholics, Mormons, the Sanito and the Bethany Churches. The pupils from all the schools also march past.

When the procession has finished, the Governor receives the officials of the Territory for a toast. At this time the amusement stalls and side-shows open right through until six o'clock in the morning. That same evening there is a grand ball presided over by the Governor of the Territory.

The July festival lasts for two weeks. There are many things happening during those two weeks: native dances, singing, canoe, cycle, and horse races. All this takes place during these two weeks. After that, the last day of the second week marks the closing of the great July festival, the time of celebration for the French Republic.

§140. Orange-picking

When the time comes to harvest the oranges of the valley of Punaaruu, in the district of Punaauia, all the men who are used to picking oranges in that valley go in. They leave early in the morning with their bags, their clothing, and their night apparel, because when people go to gather oranges in the valley, they sleep at the bottom end of the valley. It is the next morning that they pick the oranges. The season for the orange harvest at Punaaruu is during the months of May, June, July, August.

The pickers go into the valley on foot early in the morning. In the afternoon they arrive at the resting place. At that time they eat a little and sleep, and in the morning they continue to a spot still further away. That is where the Punaaruu orange plantation is.

When the orange season arrives, there are very many oranges on the trees. The trees are just a mass of yellow. When the people get to the spot, they climb up to pick the oranges and to fill their bags. There are many people who go, as it is a pleasure for them to go into the Punaaruu valley because of its beauty and real scenic splendour.

When their orange harvest is finished, they descend, bearing the oranges that they have gathered. It is a long way to go, and they rest many times. Then they continue until they reach level ground, the district of Punaauia.

§141. The Apetahi Flower

There exist many flowers, but on the island of Raiatea there is a flower which does not grow everywhere; this is the apetahi flower. This flower is found only on Raiatea.

The place where the flower is found is on Temehani mountain. There are many people who go there from time to time to pick this flower, because its bloom is not like that of other flowers. When its petals open in the morning it makes a noise. When it opens, it opens like a human hand. It is a very beautiful flower, white on top and green underneath.

In order to go and pick this flower, people leave early in the morning so as to arrive in the evening at the place where the flowers may be gathered. There they sleep. When it is dawn, they approach the flowers in order to hear the noise, because when their petals open, they make a noise. This flower is extremely rare. It is not like the other flowers which people are accustomed to see.

§142. House-building

This is how a Tahitian house, a house made of coconut leaves, is built. To build a Polynesian house, coconut leaves are cut off and the trunks cut up. The trunks are taken to make the house-posts. The coconut leaves are taken to cover the house. Bamboo is also cut and woven to make the walls, the door, and the windows.

To make the posts, trunks of coconut trees are got. Coconut leaves are woven to cover the house. When this is finished, the house is covered with them. Straight beams are also cut, from the purau tree and others, to make the rafters of the house. When the posts have been sunk, the rafters are attached. When this is finished, the house is thatched. Next, the floor of the house is made. The short posts are installed inside, and the floor is laid, lashed in place with woven bamboo. The bamboo walls are put in, as are the windows and doors. A Polynesian-style house is now completed.

§143. Fishing with Stones

Fishing with stones on Borabora. On Borabora this type of fishing is done when there are a lot of tourists. At these times a reception is organised for the tourists by the population of Borabora, consisting of songs, dances, and Tahitian feasts. When this is finished, the tourists go and tour the island of Borabora. Then they go and watch the way fishing with stones is done.

This is how this type of fishing is organised: the whole population, men and women, are adorned with crowns of flowers on their heads and around their necks and wear many different kinds of sarongs. They go into the water to make a stone enclosure. When this is finished, everyone, men, women, and children go out to the deep water throwing stones into it so as to chase the fish into the enclosure. Then the fish all race into the enclosure, which is right at the shore.

The tourists go in to look at the fish in the enclosure, taking photos and filming this fishing activity. All the tourists can go into the fish enclosure and take the fish of their choice. Tourists are most enthusiastic about this type of fishing, and it is for this reason that many tourists come specially to Borabora to watch it.

§144. The Breadfruit Legend

Once upon a time there was a mother whose husband was dead and who had many children. At that time, that is to say, at the time of the death of her husband, she always remained alone with her children. So in order to feed them she would go and tend the gardens and plant vegetables. Previously it was her husband who went to tend the gardens and collect the food to feed them. Then the woman's husband died. It was now she who collected the food.

At that time the country was in a state of famine. The woman and her children were in great difficulties because they had no food. One day she went down to the sea-shore and wept for her husband.

At that time a man approached. He said to her, "Why are you weeping?"

The woman replied: "I am weeping because we no longer have any food."

Then the man said: "Do not cry, because you will have food." Then he said to her: "Weep no more, because tomorrow morning when you wake up, you will see a breadfruit tree in front of your house. That tree will be my body transformed into a breadfruit tree, so that you and your children may live."

The next morning when the woman woke up, the breadfruit tree had grown and it was already bearing fruit. It was laden with fruit. The woman was very happy because fortunately, because of this man, they could eat, since he had transformed his body into a breadfruit tree. From this comes the legend of the breadfruit tree.

§145. The Lepers' Feast Day

A few words about the lepers of Orofara, Tahiti. Each year in Tahiti there is a celebration for the lepers of Tahiti, of Orofara. That day is called lepers' day. Before this great celebration takes place, many presents are sent to the centre of Orofara, the place where the lepers live. Much food and many parcels are given to them, even toys for the children and also gifts of money.

When this feast day arrives, the Governor attends so as to pay honour to the feast of the lepers. The celebration is opened in the morning by a fanfare from the armed services. When this is over, the Governor speaks, to which the Director of Orofara replies. The Governor speaks again in reply to the Director of Orofara. When this is finished, there are songs by the people of Orofara. Next, all the religious groups and groups of singers come in to pay honour to the feast of the lepers until the evening.

On this day there are many songs sung by the lepers of Orofara themselves; there are also orchestras from the town of Papeete, groups of singers and dancers, namely the Heiva group, the Maeva Tahiti, Tahiti Nui, and Paulina groups who come and pay honour to this celebration. The different religious groups also sing. The Director of Orofara speaks again to end the celebration, and is thanked by the Governor. Then songs of farewell are sung by the Orofara group itself, and the celebration is over. At this time all the people return to the town of Papeete. This is how the lepers' feast day is organised in Tahiti.

THE TAHITIAN FAMILY

146. Kinship Terms

The most commonly used kinship terms are as follows:*

te fēti'i	the family
na metua	the parents
te metua tāne	the father
te metua vahine	the mother
te tamaiti	
te tamāroa	the son, boy, child
te tamaiti pa'ari†	
te tamāroa pa'ari	the son, boy (older than ten years)
te tamāhine	the daughter
te tamāhine pa'ari	the daughter, girl (older than ten years)
te taure'are'a tāne	the youth (older than twenty)
te taure'are'a vahine	the girl (older than twenty)
te pōti'i	the girl (about twenty)
te teina	the younger brother or sister
te taea'e	
te tua'ana	the elder brother, brother
te taea'e matahiapo	the eldest brother
te tuahine	the elder sister, sister
te tuahine matahiapo	the eldest sister
te tamaiti fa'a'amu	the adopted son
te tamāhine fa'a'amu	the adopted daughter
te papa ru'au	the grandfather
te mamā ru'au	the grandmother
te mo'otua tāne	the grandson
te mo'otua vahine	the grand-daughter
te hina	the great-grandchild
te maeha'a	the twins
te metua fēti'i	the uncle, aunt
te huno'a tāne	the son-in-law

* A more complex terminology also exists, but this is used only in land titles or genealogies.

† *Pa'ari* is used only when there is reason to be very specific about age.

te huno'a vahine	the daughter-in-law
te metua ho'ovai tāne	the father-in-law
te metua ho'ovai vahine	the mother-in-law
te tao'ete tāne	the brother-in-law
te tao'ete vahine	the sister-in-law

TAHITIAN–ENGLISH GLOSSARY

ā again, once more
a'ahiāta dawn, early morning
'a'ahu 'o'omo shirt
'a'amu legend
ā'au reef, reef enclosure
ā'e used to convey the comparative
ā'e nei already
ā'e ra then
āfa half
'afa'i to transport
'afaro straight
afata box
afata tauiha'a parcel, baggage
afea? when?
āhiāhi afternoon, evening
ahiri if, well, then
āho to breathe
'aho rafter
'ahu clothes, dress, shirt
ai particle indicating movement
'ai to eat (of animals)
'aita no, not
'aita re'a few
'aita roa ātu never
'aiteā not yet
'aito champion
'aiū baby
'ama'a branch
'ama'a rā'au branch, stick
a maha fourth
āmo to carry on the shoulder
'amu to eat
'amui bundle of goods, tied

'amura'amā'a table
'ana to grate
'ana'ana shining, to shine
'ana'anatae eager, enthusiastic
āna'e also, as well, only
'ananahi tomorrow
'ananahi ātu day after tomorrow
'ananahi 'ia pō tomorrow night
'ananahi 'ia po'ipo'i tomorrow morning
'anani orange
a napō tomorrow night
anavai river
anei interrogative marker
āni to ask
āo world, day
ā'o to warn, chastise, preach
'a'o fat of fish
'aore no, not
'aore ra or
a pae fifth
apara apple
aparima kind of dance
apetahi kind of flower
'api page
'apī new
'api-parau writing-paper
a piti second
'apo'o hole
Apo'ora'a Rahi Territorial Assembly
āra to wake up, beware
'arapo'a neck, throat
'ara'uā'e soon

TAHITIAN-ENGLISH GLOSSARY

ārea period
āre'a ra however
'arearea amusement
'are miti wave
ari'i king, royal family
ari'i vahine queen
āroā street, avenue
āroha to greet
'ata to laugh, stem
āta cloud
'atā difficult, bunch
'a tae roa ātu until, as far as
a tahi first
atari bunch of fruit
ātea distant, far away
Atete August
'ati disaster, misfortune
atira enough
āto to thatch
'ato'a also
Atopa October
a toru third
ātu indicates movement away from the speaker
atua God
ātura then
'atu'atu to arrange, to place, neat
au I, me
'au to chew
'āu to swim
āu nice, good, to like
ā'u to hunt
'aua fence, enclosure
auā'e fortunately
āuahi fire
āuā'u to hunt, pursue
'aufau to pay
'auri iron, spear
'aute hibiscus
Auteraria Australia
āva passage (between reefs)
'ava'ava cigarette, sour, salty

'avae leg
'ava'e month, moon
āvatea afternoon

'e it is, demonstrative particle
ē different
'e aha? what? why?
'e aha te huru? how are things?
'e aha te tumu? for what reason?
'e 'ere not
'ehia? how much?
'ehia moni? how much?
'ei in, at, as
'eiā thief
'eiaha negative imperative
'eiaha 'e rū! there's no hurry!
'e'ita no, not (future)
ēna already
'e'ore no, not (future)
'e paha perhaps
Eperera April
'e raverahi many, numerous
'ere'ere black, brown
'e riro paha perhaps
'e tae ātu until, as far as
'ete basket
'e te vai ātura etcetera
'e vai? by whom?

fa'a valley
fa'a- causative prefix
fa'a'afaro to straighten
fa'a'ahu to clothe
fa'a'amu to adopt a child, to feed
fa'a'amura'a breeding
fa'a'apu farmer, plantation, to cultivate
fa'a'ati to surround, tour, close (a net)
fa'aea to stop, stay, reserve
fa'a'eta'eta tino athlete
fa'afa'aea to stay, stop, remain, cease

fa'afa'aeara'a holiday, stay
fa'afaito to weigh, make equal
fa'afarerei to introduce
fa'afariu to convert
fa'afatata to bring near
fa'aha'amā to shame
fa'ahanahana to celebrate
fa'ahapa to punish
fa'ahoro to drive, convey
fa'ahorora'a race
fa'ahou again, once more
fa'a'ī to fill
fa'a'ino to do evil
fa'aipoipo to marry
fa'a'ite to explain, tell
fa'a'itera'a information
fa'amahu to be patient
fa'amata'u to terrify
fa'anaho to organise, place
fa'anehenehe to beautify, clean
fa'aoti to end, conclude, finish
fa'arapu to stir, mix
fa'arava'i to increase
fa'ari'i to receive, to accept, recipient
fa'ariro to accept, to become
fa'aro'o to listen to, to hear, to believe, religion
fa'atae to import
fa'ata'i to cause weeping
fa'ata'ira'a pū fanfare
fa'ātea! go away!
fa'ati'a to agree, sink a post
fa'atito to pollenate
fa'atupu to organise
fa'ehau soldier
faito to weigh
fanau to be born, give birth
fanau'a young of animals
Faraire Friday
farāne franc
Farāni France, French
farāoa bread

fare house
fare 'auri prison
fare inura'a bar, bistro
fare iti toilet, W.C.
fare ha'api'ira'a school
fare hau town hall
fare ma'i hospital
fare moni bank
fare purera'a church
fare rata post office
fārerei to meet, see, visit
fare tāmā'ara'a restaurant
fare toa shop
fatata soon
fati to be broken
faufa'a gain, profit, worth
fefe twisted
fēfē a boil
fē'i red banana
feiā group of people
feiā-porote members of a procession
feiā-rave-pārau pearl-shell merchants
feiā-tai'a fishermen
fenua ground, country, land
Fepuare February
feruri to think, reflect
fēti'i family
feti'a star
fifi to be in difficulties
fiu to be weary, bored

ha'a- prefix used with causative verb, indicating "to cause to be done", "to have something done"
ha'afaufau to debase
ha'afefe to bend
ha'afifi to entangle
ha'afirifiri to curl
ha'afiu to bore
ha'amaheu to discover

TAHITIAN-ENGLISH GLOSSARY

ha'amaita'i to do good
ha'amana to authorise
ha'amani'i to spill
ha'amānina to make level
ha'amaoro to delay
ha'amaramarama to enlighten, to explain, window
ha'amarari to disperse
ha'amata to state, commence
ha'amatara to untie
ha'amau to establish
ha'amaū'a to waste
ha'ama'ue to make fly
ha'amauiui to inflict pain
ha'amaurūru to thank, please
ha'amenemene to make round
ha'ami'omi'o to crumple
ha'amo'e to forget, lose
ha'apa'apa'a to roast
ha'apapū to level, assure
ha'aparari to break, smash
ha'apau to consume
ha'ape'ape'a to annoy
ha'ape'epe'e to hasten
ha'api'i to learn
ha'apiha'a to cause to boil
ha'apiha'e to vomit
ha'apohe to kill
ha'apo'i to cover up
ha'apoto to shorten
ha'apoupou to applaud
ha'apuai to exert strength
ha'apu'e to gather together
ha'apupu to class, classify
ha'apurara to scatter
ha'aputa to pierce
ha'aputu to heap up, gather up
ha'ari coconut
ha'avare to tell lies
ha'avī to punish
haere to move, go
haere ātu to go
haere mai to come

haerera'a visit
hahaere to go (dl)
hahu to shave, razor
hamani to build, make
hamara hammer
hapaina glass
hape mistake, to be wrong
hapono to send, post
hapū pregnant
haru to seize
hau government
haumi wet, damp
ha'une to weave
ha'uti to play, toy, game
hava'i to put, deposit, send
haviti beautiful
havitiviti beautiful (pl.)
hei garland, crown
hei-pūpū shell necklace
hemo to be surpassed, to pass
hepetoma week
here to love, sweetheart
hia passive marker
hi'a to slip, fall
himene song, to sing
hina great-grandchild
hina'aro to want, like
hio to whistle
hi'o to observe, see, look at, glass, mirror
hi'ohi'o to stare at
hitimahuta to be startled, to start
hitu seven
hivinau kind of dance
hoa friend
hoe to paddle, row
hō'e one, a, an
hō'e 'ahuru ten
hō'e 'ahuru ma hitu seventeen
hō'e 'ahuru ma hō'e eleven
hō'e 'ahuru ma iva nineteen
hō'e 'ahuru ma maha fourteen
hō'e 'ahuru ma ōno sixteen

hō'e 'ahuru ma pae fifteen
hō'e 'ahuru ma piti twelve
hō'e 'ahuru ma toru thirteen
hō'e 'ahuru ma va'u eighteen
hō'e hanere one hundred
hō'e hanere ma hō'e one hundred and one
hō'e tauatini one thousand
hoehoe to row here and there
hoera'a-va'a canoe race
hoho'a photograph, image, likeness
hohoni to bite
hohoro to run (dl)
ho'i to return, in fact
honu turtle
ho'o to sell
ho'o-haere to shop
ho'o mai to buy
hope'a last, last born
hopoi to send, carry
hopu to dive, bathe
hora time, hour
horo to run
horo patete passenger
horo'a to give
horōi to wash
horohorōi to wash repeatedly
hotera hotel
hotu to produce, to bear fruit
hou before
hu'a small
huero egg
hui used respectfully of a group of esteemed people
hui mana officials
hui ra'atira people
huru subject, manner, way, method
huru ātea ātu further away
huruhuru body hair
hururau different, diverse
huti to pull up, pull

'i full, to fill
i'a fish
'ia to steal
'ia ora na hello, greetings, goodbye
'ia vai? to whom?
ihora then
'i hea? where?
ihoa exactly, in fact
ihu nose
'i'ita pawpaw
'i'ita 'otāne male pawpaw
'i'ita 'ovahine female pawpaw
'imi to gather, collect, look for
'i mua mai in front of
'i muri iho after that, next
'i muri mai behind
'i muta'a ihora at that time, formerly
'i muta'a iho formerly
'ina'i meat
'inanahi yesterday
'inanahi ātura the day before yesterday
'i napō last night
ineine to prepare
'i ni'a on
'ino bad
inu to drink
inuinura'a drink, toast
ī'oa name
'iore rat
'i ō vai? at whose place?
'i piha'i iho beside
'i raro at the bottom, down
'i rapae outside
'iri skin
'iria to be angry, angry
'iriti to translate
'i ropu in the middle
'i roto into, in, inside
'i rotopu among

TAHITIAN-ENGLISH GLOSSARY

'ite to see, to know, to find, to understand, wise
'i tai towards the sea
'i teie āhiāhi this afternoon
'i teie nei now
'i teie nei mahāna today
'i teie pō this evening
'i teie po'ipo'i this morning
'i teie ru'i tonight
'i teie taime now
iti small, few
itoito courage
'i uta at the bottom, towards the land
iva nine

mā family group
mā'a food, white of the coconut, fruit
ma'a small quantity when applied especially to food, sling
mā'ahia to become fruitful
mā'e to lift
maeha'a twin
maere to be astonished, exceptional
maeva! welcome!
maha four
maha 'ahuru forty
mahāna sun, day
mahanahana warm
mahāna hope'a the last day
Mahāna Mā'a Saturday
Mahāna Maha Thursday
Mahāna Piti Tuesday
Mahāna Toru Wednesday
mahora to spread open
mahuta fly, take off
mai like, as, towards the speaker, with, since, from
mai te mea ē if, whether
mai te peu ē if

ma'i hia to be sick
mai'a banana
maia'a mother of an animal
maira then, there
ma'iri past (time)
maita'i good, well
mā'iti to elect
māmā light, inexpensive
mamā mother
mamā ru'au grandmother
mamoe sheep
māmu! be quiet!
mana authorities
mana'o to think, hope
manava! welcome!
maniania to make a noise, to annoy
manihini guest
manu bird
manuia cheers! good luck! to succeed
manureva aeroplane
ma'o shark
ma'ohi Polynesian
maoro for a long time, to be late
maorora'a period, time, length
mara'a to be raised, to rise
marae temple, ceremonial place
maramarama intelligence
mārehurehu dusk
Marite America
maro belt (royal)
marō dry
māro to be stubborn
marū calm, gentle, soft
marua to fall (leaves)
mata face, eyes
matahiapo first-born
matahiti year
mata'i wind
māta'ita'i to look at, admire
matamua first

matara to become untied, open, to start
mata'u to fear
mātau to be accustomed, used to, know
matau hook
mata'eina'a district
matete market
Māti March
mati match
mataro sailor
matie green, grass
mātou we (pl. exc.)
mau plural marker, true, real, to hold
māua we (dl exc.)
maū'a to be wasted
ma'ue to fly
mauiui pain, to ache, to be sad
maurūru to thank, thank you
Mē May
mea thing
mero member
metua parents
metua tāne father
metua vahine mother
mihi to weep, to lament, grief
mimi cat, to urinate
miniti minute
miti sea
miti popa'a salt
mo'a Saint
moa fowl
moa ōni rooster
moa ufa hen
moana sea, ocean
mo'e to lose, to be forgotten, to forget
moemoea dream
mōhina bottle
momoni Mormon
monamona sweet
moni money
moni-ho'o price
moni-hu'ahu'a change
Monire Monday
Mo'orea Moorea
mo'otua grandchild
mōri light
mōto motor cycle
moto to fight, brawl
motu island
motu raro mata'i Iles Sous le Vent
mou'a mountain
mōri-turama-āva lighthouse
muto'i police
mutu to be cut

na the (dl marker), near the addressee
nā benefactive (for), by
nafea? how?
nā mua ā'e before
nana flock, herd
nā ni'a in, by
naonao mosquito
nā raro noa on foot
nā ropu between
nā roto by means of
nā vai serves the same purpose as *'o vai* but is used only with transitive verbs
nava'i to be sufficient
nehenehe beautiful, to be able
nei near the speaker
ni'au coconut tree leaves
niho tooth
ninamu blue
Niu Terani New Zealand
nō for, of
noa only, always, still
noa'a to be obtained
noa ātu ā although
noa iho only
no'ano'a fragrant, perfumed

TAHITIAN-ENGLISH GLOSSARY

noho to live, inhabit, sit
nō mātou, nā mātou for us (exc.)
nō māua, nā māua for us two (exc.)
nōna, nāna for him, her
nō 'oe, nā 'oe for you
nō 'ōrua, nā 'ōrua for you two
nō 'outou, nā 'outou for you
nō rātou, nā rātou for them
nō rāua, nā rāua for them two
nō tātou, nā tātou for us (inc.)
nō tāua, nā tāua for us two (inc.)
nō te aha? why?
nō te mea because
nō'u, nā'u for me
nō vai, nā vai whose
Novema November
nui big, immense
nu'u army

'o it is (demonstrative), to dig
'oa'oa pleasure, pleasant, to be happy
'oe you
ōe bell
'o'e sword
ō'e to be in a state of famine
'ofa'i stone, coral
'ofati to break
'ofe bamboo
'ohie easy
'ohipa work, thing
oi almost
ōi to mix
'oi sharp, pointed
'o'i to sprain
'oia he, she, it, yes
'oia ho'i namely
'oi'oi quickly
'oire town
'omaha to urinate
'ona he, she, it
one sand
'onei here
ōni indicates male sex in animals
ōno six
ōno 'ahuru sixty
'o'o'a bay
'o'omo to wear, to dress, to put into
'opa'a ripe coconut
'opahi axe
'opani door, to close, finish
ōpe shovel
'opū stomach, heritage
ora to live
'ore without, not, to neglect to
ōri to walk
'ori dance
'orira'a hanahana grand ball
'oro'a feast, festival
'orometua missionary
'ōrua you (dl)
ota raw, uncooked
'otāne indicates male sex in trees or plants
'ote'a kind of dance
oti to finish
'otu'e promontory, point
'oura-miti crayfish
'outou you (pl.)
'ovahine indicates female sex in trees or plants
'o vai? who? which?
'oviri wild, untamed

pa'ari to be hard, mature, stingy
pae five
pa'e male animals mature enough to reproduce or which have already reproduced
pae ā'au edge of the reef
pae 'ahuru fifty
pae miti beach
pae moana edge of the lagoon

pae tahatai sea-shore, beach
pafa'i to gather, pick, pluck
pafa'ira'a harvest
pāha wild boar
paha perhaps
pāhere comb
pahī steamer
pahono to answer
pa'imi to look for
painu to float in the sea
pana to dig around, scoop
pa'o'a kind of dance
papa'a crab
pāpa'i to write
papa ru'au grandfather
pape water
papū flat, firmly, to be sure
papu'a to wash
para ripe
parahi to sit, goodbye
parahira'a chair
paraparau to converse
parara'a the ripening
parari to break, smash
pārataito paradise
parau to converse, to speak, word, talk
pārau pearl-shell
parau 'apī news
parau tahito legend
parauparau to chat
pareu loin-cloth
paru bait
pāruru wall
pata to take a photo
pātia to spear (a fish), to prick
pātia -mā'a fork
pātiatia to prick several times
patiri to thunder
pāto'i to refuse
pau to be consumed
pa'uma to climb up
pauroa all

pe'ape'a trouble, nuisance, to be sorry
pe'etā a bunch still attached to a branch
pēni-pāpa'i ballpoint pen, pen
pēpa pepper
pepe butterfly, baby
pēpē to wound
pere'o'o taxi, car
pere'o'o uira car
peretiteni Presidency
petania Bethany Church
pe'ue mat
pi unripe
pia beer
piha room
piha'i iho beside
piharahara to open up
pi'i to call
pi'ifare cat
pinepine often
pinia indicates the young of sheep (lambs)
pīpī to water
piripou trousers
piti two
piti 'ahuru twenty
piti 'ahuru ma hō'e twenty-one
pō evening, night
pohe to die, to be ill
po'ia to be hungry
po'ihā to be thirsty
po'ipo'i morning
po'ipo'i roa early in the morning
po'o'a to make a noise
popa'a foreigner, European
popo ball
poro to make an announcement, corner
pōro marble, ball
porote to walk in procession
porotetani Protestant
poti boat

TAHITIAN-ENGLISH GLOSSARY

pōti'i girl
poto short (sing.)
pou pillar, to descend
pū principal, trumpet, main, source, centre
pu'a coral, soap
pua'a pig
pua'a fanau'a piglet
pua'ahorofenua horse
pua'a maia'a sow (pig)
pua'aniho goat
pua'atoro cattle
puai strength, strong
pu'e collection of men, animals, food
pūha copra
puhi eel
puhipuhi to smoke
pu'ohu to wrap up, packet
pupā bunch, usually of smaller fruits
pupu group
pūpū sea-shell
purau kind of tree *(Hibiscus tiliaceous)*
pure to pray
purera'a prayer
purotu handsome
purumu street
puta book
pūte sack, bag, suitcase
putuputu to assemble

ra far from the speaker
ra'atira chief
rā'au tree, medicine
rahi big, very
rahira'a majority, quantity
ra'i sky
raiti rice
rama to fish at night
rari wet
rata letter

rātere tourist
rātou they
rau numerous
rāua they (dl)
rava'āi fishing
rau'ere leaf
rava'i to be sufficient
rave to do, make, take
raverahi many
raverau many
raverave to manipulate
rē to be victorious, to win, prize
re'are'a yellow
reira that (which has been previously mentioned)
reo language, voice
repera leper
repo earth, soil, dirty
repo puehu dust
rere to fly (of a plane)
rereva to leave (dl)
reva to leave, depart, go, the sky, flag
ri'i a little
rima hand, arm
riro to become, to be taken possession of
roa long, very, never
roa'a to catch, obtain
rohirohi tired, fatigued
ro'i bed
roimata tears
Ronetona London
roto (i) in, inside
rotopu among
rouru hair of the head
rū to hurry, rush
ru'au old person
ru'i night (Biblical)
ruperupe beauty
ruru bundle or collection of something tied with rope or liana

tā- causative formative with the meaning "to put something to use"
ta'a to be certain, to know how to, chin, jaw
ta'a'era'a farewell
ta'aero bad, poison, drunk
ta'ahira'a-pere'o'o bicycle race
tā'amu to tie
ta'ata man, person
ta'ata-fa'ahoro-pere'o'o taxi-driver
ta'atahia to become populous
ta'ata-pāpa'i-hoho'a artist
tae to arrive, come
taea'e brother (general)
taera'a arrival
taere slow, slowly
tahatai beach, shore
tahi a, another
tahua floor
tahua taura'a manureva airport
tahuna to hide
tai towards the open sea
ta'i to cry
tai'a to fish
tai'ara'a fishing
taiete society, company
taiha'a purchase
taime time
tai'o to read, count
ta'iri to hit, beat
tāmā'a to eat at table
tāmā'ara'a feast
tamāhine daughter, girl
tamāhine-ho'oho'o shop assistant
tamaiti child (male), son
tamari'i child (general)
tamāroa small boy, son
tāmata to try, attempt
tāmau to hold, learn thoroughly, make fast, put on
tāmuta fare carpenter

tāne indicates male sex with persons
tanito Sanito Church
tāniuniu to telephone
tano to be right
tanu to plant, bury
tao'a gift, present
ta'o'oto to sleep (dl)
taora to throw
taorapopo basketballer
taote niho dentist
taote rā'au doctor
ta'oto to sleep
tapae to land
tapapa to pursue
taparahi to kill
tāparu to beg
Tapati Sunday
tapau lead-weight
tāpe'a to stop, look after, hold
tāpo'i to cover
tapona knot
taponi to abandon
tapu to forbid
tāpū to cut
tāpūpū to cut in two
tara horn
tāra five francs CFP
tārahu to rent, hire, bill
tari'a ear
taro taro
tātā'i to repair
tataio short
tatara to remove, dig up
tatarahapa to repent
tātihota to sugar
tatorita Catholic
tātou we (pl. inc.)
tau time, occasion, season, period
tāua we (dl inc.)
taua ... ra may be used with approximately the same meaning as *tēra* (that)

taui to change, turn
tauiha'a baggage, suitcase, present
tāūpo'o hat
taura race or breed of men, of animals, rope
tau na restricted plural article
taura'i to dry in the sun
taure'are'a youth, teenager
ta'urua feast, festival
tautai fishing, to fish
tauturu to help
tavana mayor, chief
tavana rahi Governor
taviri to film, to close, key, game
te the (definite article)
teata cinema
tehia? which one?
teiāha heavy
teie this (near the speaker)
tei hea? where?
teina younger sibling (same sex)
teitei high
tēna that (near the person addressed)
Tenuare January
tēra that (not near the speakers)
tere to go past, to travel, voyage
Tetepa September
ti'a to stand up, be able
tia'a shoes
tiahi to chase
tia'i to wait (for)
tiare flower
tihota sugar
ti'i statue, image, to pick, to gather, to get
tinito Chinese
tino body
tipi knife
tiro kilogram
tita guitar
Titema December
titeti ticket
titiro rata postage stamp
Tiunu June
Tiurai July
tō sugar-cane
toe to remain
to'eto'e cold
tohora whale
to'i axe
tō mātou, tā mātou our (pl. exc.)
tō māua, tā māua our (dl exc.)
tomo to enter, sink
tōna, tāna his, her
tono to send
tō 'oe, tā 'oe your
to'ohia? how many?
tō 'orua, tā 'orua your (dl)
tō 'outou, tā 'outou your (pl.)
topa to give a name to, to fall
topara'a-pape waterfall
tō rātou, tā rātou their (pl.)
tō rāua, tā rāua their (dl)
toro to extend
toro'a job, trade, occupation
toru three
toru 'ahuru thirty
tō tātou, tā tātou our (pl. inc.)
tō tāua, tā tāua our (dl inc.)
totini sock
toto blood
tō'u, tā'u my
tua'ana elder sibling (same sex)
tuahine sister (of a boy)
tu'ane sister (of a girl)
tu'epopo footballer
tuha'a point, promontory, part
tumu trunk of a tree, reason, root
tumu ha'ari coconut tree
tumu rā'au tree
tumu 'uru breadfruit tree

tunu to prepare, cook
tupa'i to kill, hit
tupohe to kill, put out a light
tupu to be present, grow, take place
ture law
tutau anchor
tute tax
tutu kind of tree
tūtu a cook
tu'u to put in, deposit, let down, put down

ū milk
'ua past tense marker
ūa rain, to rain
'ū'a kind of crab
'u'ā to bloom
uāhu wharf
uaina wine
uāti watch
ueue to shake
ufa indicates female sex in animals
ūfi yam
uira electricity
'umara sweet potato
'uo'uo white, clean
'upe'a net
ūpo'o head
'ura red
'uri dog
'uri fanau'a puppy
'uri ōni dog
'uri ufa bitch
'uru breadfruit
ūru 'anani orange plantation
uta inland, towards the interior
'utaru to weed, clean up
'ute'ute red

va'a outrigger canoe
vaha mouth
vāhi place, area
vāhi fa'ari'ira'a reception area
vāhi himenera'a night-spot
vāhi 'orira'a nightclub
vahie wood
vahine woman
vahine fa'aipoipo wife
vai to be, to exist, fresh water
vaiho to put, place, leave
vanira vanilla
vau I
va'u eight
ve'a newspaper
ve'ave'a hot
vera those people (about whom one has spoken)
vetahi some, others
vi mango
vine grapes
vinivini to tickle
vitiviti skill, quickly

ENGLISH–TAHITIAN GLOSSARY

A, an *te hō'e*
abandon (to) *taponi*
able (to be) *nehenehe, ti'a*
accept (to) *fa'ariro, fa'ari'i*
accompany (to) *fa'a'ati*
accustomed (to be) *mātau*
ache *mauiui*
admire (to) *māta'ita'i*
adopt (to) *fa'a'amu*
aeroplane *manureva*
after that, after, next *'i muru iho*
afternoon (this) *'i teie āhiāhi, āvatea*
again *fa'ahou, ā*
airport *tahua taura'a manureva*
all *pauroa, pa'ato'a*
almost *oi*
alone *āna'e*
already *ēna, ā'e nei*
also, as well *āna'e*
also *'ato'a*
although *noa ātu ā*
always *noa*
America *Marite*
among *'i rotopu*
amusement *'arearea*
anchor *tutau*
angry *'iria*
annoy (to) *ha'ape'ape'a*
another *te tahi*
answer (to) *pahono*
applaud (to) *ha'apoupou*
apple *apara*
April *Eperera*

arm *rima*
army *nu'u*
around *'e 'ati noa ātu*
arrange, place (to) *'atu'atu*
arrival *taera'a*
arrive (to), come *tae*
artist *ta'ata-pāpa'i-hoho'a*
ashamed (to make) *fa'aha'amā*
ask (to) *āni*
assemble (to) *putuputu*
assistant *tamāhine-ho'oho'o*
assure (to) *ha'apapū*
astonished (to be) *maere*
athlete *fa'a'eta'eta tino*
attach, make fast (to) *tāmau*
at that time *'i muta'a ihora*
August *Atete*
Australia *Auteraria*
authorities *mana*
authorise (to) *ha'amana*
away from the speaker *ātu*
axe *to'i, 'opahi*

baby *'aiū, pepe*
bad (sing.) *'ino*
 (dl and pl.) *'i'ino*
bag *pūte*
baggage, suitcase *tauiha'a*
bait *paru*
ball *popo*
bamboo *'ofe*
banana *mai'a*
bank *fare moni*
bar *fare inura'a*

basket *'ete*
basketballer *taorapopo*
bathe (to) *hopu*
bay *'o'o'a*
be (to) *vai*
beach *pae tahatai*
beautiful *haviti, nehenehe, purotu*
beauty *ruperupe*
because *nō te mea*
become (to), to be taken *riro*
bed *ro'i*
beer *pia*
before *nā mua ā'e, nā mua 'e, hou 'a*
begin (to) *ha'amata*
behind *'i muri mai*
bell *ōe*
believe *fa'aro'o*
belt (royal) *maro*
bend (to) *ha'afefe*
beside *'i piha'i iho*
between *nā ropu*
be used to (to) *mātau*
bicycle race *ta'ahira'a pere'o'o*
big (sing.) *rahi, nui*
bill *tārahu*
bird *manu*
bitch (a) *'uri ufa*
bite (to) *hohoni*
black *'ere'ere*
blood *toto*
bloom *'u'ā*
blue *ninamu*
boar (wild) *pua'a pa'e*
boat *poti*
body *tino*
boil (a) *fēfē*
boil (to) *ha'apihā*
book *puta*
bore (to) *ha'afiu*
bottle *mōhina*
bottom (at the bottom) *'i raro*

box *afata*
boy *tamāroa*
branch *'ama'a*
bread *farāoa*
breadfruit *'uru*
breadfruit tree *tumu 'uru*
break (to) *'ofati, fati*
break, smash (to) *parari, ha'aparari*
breeding *fa'a'amura'a*
bring near (to) *fa'afatata*
broil (to) *ha'apa'apa'a*
broken (to be) *fati*
brother *taea'e*
build (to) *hamani*
bunch of fruit *atari*
bunch (a) still attached to a branch *pe'etā*
bunch (a) usually of smaller fruits *pupā*
bundle of goods tied but containing only same article in the one bundle *'amui*
bundle or collection of something tied with rope or liana *ruru*
butterfly *pepe*
buy (to) *ho'o mai*
by *mai, 'i, 'e*

call (to) *pi'i*
calm *marū*
canoe *va'a*
canoe (outrigger) *va'a*
canoe race *hoera'a-va'a*
car *pere'o'o uria*
carpenter *tāmuta fare*
carry (to) *āmo, hopoi*
cat *mimi, pi'ifare*
catch, obtain (to) *roa'a*
Catholics *tatorita*
cattle *pua'atoro*
celebrate (to) *fa'ahanahana*

ENGLISH-TAHITIAN GLOSSARY

celebration '*oro'a*
certain (to be) *ta'a*
chair *parahira'a*
champion '*aito*
change *moni-hu'ahu'a*
change (to) *taui*
chase (to) *tīahi*
chat (to) *parauparau*
cheap *māmā*
cheers! *manuia!*
chew '*au*
chief *ra'atira, tavana*
child (general) *tamari'i*
child (male) *tamaiti*
Chinese *tinito*
chop (to) *tāpū*
church *fare purera'a*
cigarette '*ava'ava*
city '*oire*
class (to) *ha'apupu*
clean '*uo'uo*
climb up (to) *pa'uma*
close (to) (a net) *fa'a'ati*
close, finish (to) '*opani*
clothes '*ahu*
coconut *ha'ari*
coconut (ripe) '*opa'a*
coconut tree leaves *ni'au*
cold *to'eto'e*
collection of men, animals, foods *pu'e*
comb *pāhere*
come (to) *haere mai*
comparative degree *ā'e*
conclude (to), end *fa'aoti*
consume (to) *ha'apau*
consumed (to be) *pau*
converse (to) *parau*
convert (to) *fa'afariu*
convey, drive (to) *fa'ahoro*
cook (to) *tunu*
cook (a) *tūtu*
copra *pūha*

coral '*ofa'i, pu'a*
country *fenua*
courage *itoīto*
cover (to) *tāpo'i*
cover up (to) *ha'apo'i*
crab *papa'a*
crayfish '*oura-miti*
crumple (to) *ha'ami'omi'o*
cry (to) *ta'i*
cultivate (to) *fa'a'apu*
curl (to) *ha'afirifiri*
cut (to) *tāpū*
cut in two (to) *tāpūpū*

dance (to) '*ori*
daughter *tamāhine*
dawn *a'ahiāta*
day *mahāna, āo*
day after tomorrow '*ananahiātu*
day before yesterday '*inanahi ātu*
dead (to be) *pohe*
debase (to) *ha'afaufau*
December *Titema*
delay (to) *ha'amaoro*
dentist *taote niho*
depart (to) *reva*
department *a'ihu'ara'au*
deposit (to) *hava'i*
descend (to) *pou*
description *parau*
die (to) *pohe*
die (to cause to die) *ha'apohe*
different *ē*
difficult '*atā*
difficulties (to be in) *fifi*
dig (to) '*o*
dig around (to) *pana*
dig up (to) *tatara*
dirty *repo*
disaster '*ati*
discover (to) *ha'amaheu*
disperse (to) *ha'amarari*

M

distant, far away *ātea*
district *mata'eina'a*
dive (to) *hopu*
do (to) *rave*
doctor *taote rā'au*
dog *'uri*
don't rush! *'eiaha 'e rū!*
door *'opani*
down *'i raro*
dream *moemoea*
dress, clothes *'ahu*
drink (to) *inu*
drink, toast *inuinura'a*
drive (to) *fa'ahoro*
drunk *ta'aero*
dry *marō*
dry in the sun (to) *taura'i*
duration *maorora'a*
dusk *mārehurehu*
dust *repo puehu*

eager *'ana'anatae*
ear *tari'a*
early morning *a'ahiāta*
early in the morning *'i te po'ipo'i roa*
earth, soil *repo*
easy *'ohie*
eat (to) *'amu*
eat at table (to) *tāmā'a*
edge of the lagoon *pae moana*
edge of the reef *pae ā'au*
eel *puhi*
egg *huero*
eight *va'u*
eighteen *hō'e 'ahuru ma va'u*
elect (to) *mā'iti*
electricity *uira*
eleven *hō'e 'ahuru ma hō'e*
embellish (to) *fa'anehenehe*
enclosure *'aua*
enough *atira*

ensemble, entire group of people engaged in some activity *feiā*
entangle (to) *ha'afifi*
enter (to) *tomo*
establish (to) *ha'amau*
etcetera *e te vai ātura, e raverahi ātu ā*
European *popa'a*
evening (this) *'i teie pō*
exceptional *maere*
exist, to be *vai*
explain (to) *fa'a'ite, ha'amaramarama*
extend (to) *toro*
eye *mata*

face *mata*
fall *topa, ma'iri*
family *fēti'i*
famine (to be in a state of) *ō'e*
fanfare *fa'ata'ira'a pū*
far *ātea*
far from the speaker *ra*
farmer *fa'a'apu*
father *metua tāne*
fear (to) *mata'u*
feast *tāmā'ara'a*
feast, festival *'oro'a, ta'urua*
February *Fepuare*
feminine of animals *ufa*
feminine of trees and plants *'ovahine*
fence *'aua*
few *'aita re'a*
fifteen *hō'e 'ahuru ma pae*
fifth *a pae*
fifty *pae 'ahuru*
fight (to) *moto*
fill (to) *fa'a'ī*
film (to) *taviri*
find (to) *'ite*
finish (to) *oti, fa'a'oti, pau* (of food)

ENGLISH-TAHITIAN GLOSSARY

fire *āuahi*
first *a tahi, matamua*
first-born *matahiapo*
fish *i'a*
fish (to) *tai'a*
fisherman *ta'ata-tai'a*
fishing *rava'āi, tai'ara'a, rama*
five *pae*
five francs CFP *tāra*
flag *reva*
flat *papū*
float (to) *painu*
flock, herd *nana*
floor *tahua*
flower *tiare*
fly (to) *ma'ue, mahuta, rere*
food *mā'a*
footballer *ta'ata-tu'epopo*
forbid (to) *tapu*
foreigner *popa'a*
forget, lose (to) *ha'amo'e*
forgotten (to be) *mo'e*
for *nō, nā*
fork *pātia-mā'a*
formerly *'i muta'a iho*
fortunately *auā'e*
forty *maha 'ahuru*
for what reason? *'e aha te tumu?*
four *maha*
fourteen *hō'e 'ahuru ma maha*
fourth *a maha*
fowl *moa*
fragrant *no'ano'a*
franc *farāne*
France *Farāni*
Friday *Faraire*
friend *hoa*
from *mai*
front (in) *'i mua mai*
fruit *mā'a*
full (to be) *'ī*
further away *huru ātea ātu*

game *ha'uti*
garland *hei*
gather (to) *pafa'i*
gather, collect (to) *'imi*
gather together (to) *ha'apu'e*
gather up (to) *ha'aputu*
get (to) *ti'i, rave*
gift *tao'a*
girl *pōti'i*
give (to) *horo'a*
glass *hi'o, hapaina*
go (to) *haere*
goat *pua'aniho*
God *atua*
good *maita'i*
go past (to) *tere*
good morning *'ia ora na*
government *hau*
Governor *tavana rahi*
grandchild *mo'otua*
grandfather *papa ru'au*
grandmother *mamā ru'au*
grape *vine*
grass *matie*
grate (to) *'ana*
green *matie*
greet (to) *āroha*
greetings! *'ia ora na!*
ground *fenua*
group *pupu*
grow (to) *tupu*
guest *manihini*
guitar *tita*

hair (head) *rouru*
hair (body) *huruhuru*
half *āfa*
hammer *hamara*
hand *rima*
handsome *purotu*
happy (to be) *'oa'oa*
hard, mature (to be) *pa'ari*
hasten (to) *ha'ape'epe'e*

hat *tāūpo'o*
he, him *'oia, 'ona*
head *ūpo'o*
heap up (to) *ha'aputu*
hear (to) *fa'aro'o*
heavy *teiāha*
hello! *'ia ora na!*
help (to) *tauturu*
hen *moa ufa*
here *'onei*
hibiscus *'aute*
hide (to) *tahuna*
high *teitei*
hire (to) *tārahu*
his, her *tōna, tāna*
hit (to) *ta'iri*
hold (to) *mau, tāmau, tāpe'a*
hole *'apo'o*
holiday *fa'afa'aeara'a*
hook *matau*
hope (to) *mana'o*
horse *pua'ahorofenua*
hospital *fare ma'i*
hot *ve'ave'a*
hotel *hotera*
hour *hora*
house *fare*
how? *nafea?*
how are things? *'e aha te huru?*
however *āre'a ra*
how many? *'ehia?, to'ohia?*
how much? *'ehia moni?*
hungry (to be) *po'ia*
hunt (to) *āuā'u, ā'u*
hurry (to) *rū*

I *au, vau*
if *mai te peu ē, mai te mea ē*
ill (to be) *pohe 'i te ma'i*
immense *nui*
import (to) *fa'atae*
in, inside *'i roto, nā ni'a*
increase (to) *fa'arava'i*

information *fa'a'itera'a*
intelligence *maramarama*
interrogative marker *anei*
in the middle *'i ropu*
into *'i roto*
introduce (to) *fa'afarerei*
it is (demonstrative article) *'o, 'e*

key *taviri*
kill (to) *ha'apohe*
kill (to), extinguish *tupohe*
kilogram *tiro*
king *ari'i*
knife *tipi*
knot *tapona*
know (to) *'ite, mātau*

lagoon *pae moana*
lamb *pinia mamoe*
land *fenua*
land (to) *tapae*
language *reo*
last *hope'a*
last day *mahāna hope'a*
laugh (to) *'ata*
law *ture*
lead-weight *tapau*
leaf *rau'ere rā'au*
learn (to) *ha'api'i*
leave (to) *reva*
Leeward Islands *motu raro mata'i*
leg *'avae*
legend *'a'amu, parau tahito*
length *maorora'a*
leper *repera*
let down (to) (net) *tu'u*
letter *rata*
level (to make) *ha'amānina*
level, assure (to) *ha'apapū*
lie (to) *ha'avare*
lie down (to) *ta'oto*
lift (to) *mā'e*

ENGLISH-TAHITIAN GLOSSARY

light *mōri*
lighthouse *mōri-turama-āva*
like (to) *hina'aro*
like, as *mai*
listen to (to) *fa'aro'o*
little *iti*
little (a) *ri'i*
live (to) *ora, noho*
loin-cloth *pareu*
London *Ronetona*
long *roa*
long time *maoro*
look after (to) *tāpe'a*
look at (to) *māta'ita'i, hi'o*
look for (to) *pa'imi, 'imi*
lose (to) *ha' amo'e, mo'e*
love (to) *here*

main *pū*
majority *rahira'a*
make (to) *rave*
make a noise (to) *po'o'a*
man *ta'ata*
mango *vi*
manipulate (to) *raverave*
manner *huru*
many *'e raverahi, 'e raverau*
marble *pōro*
March *Māti*
market *mātete*
mat *pe'ue*
match *mati*
May *Mē*
mayor *tavana*
me *'ia'u*
meat *'ina'i*
medicine *rā'au*
meet (to) *farerei*
member *mero*
middle (in the) *'i ropu*
milk *ū*
minute *miniti*
mirror *hi'o*

missionary *'orometua*
mistake *hape*
mix (to) *ōi*
Monday *Monire*
money *moni*
month *'ava'e*
moon *'ava'e*
Moorea *Mo'orea*
Mormon *momoni*
morning *po'ipo'i*
morning (this) *'i teie po'ipo'i*
mosquito *naonao*
mother *metua vahine*
mountain *mou'a*
mouth *vaha*
my *tō'u, tā'u*

name *i'oa*
name (to) *topa*
namely *'oia ho'i*
near the addressee *na*
near the speaker *nei*
neck *'arapo'a*
negative imperative *'eiaha*
net *'upe'a*
never *'aita roa ātu*
new *'api*
news *parau 'api*
newspaper *ve'a*
New Zealand *Niu Terani*
nice *āu*
night *ru'i, pō*
night (last) *'i napō*
nightclub *vāhi 'orira'a*
nine *iva*
nineteen *hō'e 'ahuru ma iva*
no *'aita*
noise (to make a) *maniania*
no more *fa'ahou*
November *Novema*
now *'i teie taime, 'i teie nei*
number *numera*
numerous *rau*

observe, see (to) *hi'o*
obtain (to) *roa'a, noa'a*
obtained (to be) *roa'a, noa'a*
occupation *toro'a*
October *Atopa*
officials *hui mana*
often *pinepine*
old person *ru'au*
on *'i ni'a*
once more *fa'ahou*
one *hō'e, tahi*
one hundred *hō'e hanere*
one hundred and one *hō'e hanere ma hō'e*
one thousand *hō'e tauatini*
on foot *nā raro noa*
only *āna'e, noa*
open (to) *matara, 'iriti*
open up (to) *piharahara*
or *'aore ra*
orchestra *pupu-fa'a'arearea*
organise (to) *fa'atupu*
orange *'anani*
orange plantation *ūru 'anani*
other *te tahi*
our (dl exc.) *tō māua, tā māua*
our (dl inc.) *tō tāua, tā tāua*
our (pl. exc.) *tō mātou, tā mātou*
our (pl. inc.) *tō tātou, tā tātou*
outrigger canoe *va'a*
outside *'i rapae*

packet *pu'ohu*
paddle (to) *hoe*
page *'api*
pain (to inflict) *ha'amauiui, mauiui*
panic (don't) *'eiaha 'e rū*
paper *'api-parau*
paper bag *fa'ari'i*
paradise *parataito*
parcel *afata tauiha'a*
parent *metua*

pass (to) *hemo*
passenger *horo-patete*
passage (reef) *āva*
patient (to be) *fa'amahu*
pawpaw *'i'ita*
pay (to) *'aufau*
pearl-shell *pārau*
pearl-shell merchants *feiā-rave-pārau*
pen *pēni-pāpa'i*
people *hui ra'atira*
pepper *pepa*
perhaps *'e riro paha*
period *ārea*
period, time *maorora'a*
person *ta'ata*
pursue (to) *tapapa*
photo *hoho'a*
pick (to) *ti'i*
pick, pluck (to) *pafa'i*
pierce (to) *ha'aputa*
pig *pua'a*
piglet *pua'a fanau'a*
place *vāhi*
place (to take) *tupu*
plane *manureva*
plant (to) *tanu*
plantation *fa'a'apu*
play (to) *ha'uti*
pleased (to be) *'oa'oa*
pleasure, delight *'oa'oa, 'arearea*
point, promontory (the) *'otu'e*
pointed *'oi*
poison *ta'aero*
police *muto'i*
pollenate (to) *fa'atito*
Polynesian *ma'ohi*
population *hui ra'atira*
post *pou*
post (to) *hapono*
postage stamp *titiro rata*
post office *fare rata*
pray (to) *pure*

ENGLISH-TAHITIAN GLOSSARY

prayer *purera'a*
pregnant *hapū*
prepare (to) *tunu, ineine*
present *tao'a*
presidency *peretiteni*
price *moni-ho'o*
prick (to) *pātia, ti'i*
prick several times (to) *pātiatia*
principal *pū*
prison *fare 'auri*
prize *rē*
produce, bear fruit (to) *hotu*
promontory, point *'otu'e*
Protestant *porotetani*
pull, pull up (to) *huti*
punish (to) *ha'avī, fa'ahapa*
puppy *'uri fanau'a*
purchase *tauiha'a*
put (to) *vaiho*
put down (to) *tu'u*
put, deposit (to) *hava'i*
put in a bag (to) *'o'omo*

quantity *rahira'a*
queen *ari'i vahine*
quickly *'oi'oi, vitiviti*

race *fa'ahorora'a*
race, breed *taura*
rafter *'aho*
rain (to) *ūa*
raised (to be) *mara'a*
rat *'iore*
raw *ota*
razor *hahu*
read (to) *tai'o*
reason *tumu*
receive (to) *fa'ari'i*
reception area *vāhi fa'ari'ira'a*
red *'ura*
reef *ā'au*
refuse (to) *pāto'i*
religion *fa'aro'o*

remain (to) *fa'aea, toe*
remove (to) *tatara*
rent (to) *tārahu*
repair (to) *tātā'i*
repent (to) *tatarahapa*
reserve, remain (to) *fa'aea*
restaurant *fare tāmā'ara'a*
return (to) *ho'i*
rice *raiti*
right (to be) *tano*
ripe *para*
rise (to) *mara'a*
river *anavai*
roast (to) *ha'apa'apa'a*
room *piha*
rooster *moa ōni*
rope *taura*
round (to make) *ha'amenemene*
row (to) *hoe*
royal family *ari'i*
run (to) *horo, hohoro* (dl)

sack, bag *pūte*
sad (to be) *mauiui*
sailor *mataro*
salt *miti popa'a*
sand *one*
Sanito Church *tanito*
Saturday *Mahāna Mā'a*
scatter (to) *ha'apurara*
school *fare ha'api'ira'a*
scoop (to) *pana*
sea *miti, moana*
sea-shell *pūpū*
sea-shore *pae tahatai*
season *tau*
second *a piti*
see (to) *'ite*
seize (to) *haru*
sell (to) *ho'o ātu*
send (to) *hapono, hopoi, tono*
September *Tetepa*
seven *hitu*

seventeen hō'e 'ahuru ma hitu
shake (to) ueue
shark ma'o
sharp 'oi
shave (to) hahu
sheep mamoe
shell necklace hei-pūpū
shine (to) 'ana'ana
shirt 'ahu, 'a'ahu 'o'omo
shoe tia'a
shop fare toa
shop (to) ho'o-haere
shop assistant tamāhine-ho'oho'o
short poto
shorten (to) ha'apoto
shovel ōpe
sick (to be) ma'i hia
signal, tell (to) fa'a'ite
since mai te mahāna
sing (to) himene
sink a post (to) fa'ati'a
sister (of a boy) tuahine
sit (to) noho 'i raro, parahi
six ōno
sixteen hō'e 'ahuru ma ōno
sixty ōno 'ahuru
skill vitiviti
sky ra'i, reva
sleep (to) ta'oto
sling ma'a
slowly, slow taere
small iti, hu'a
smoke (to) puhipuhi
society, company taiete
sock totini
soft marū
soldier fa'ehau
son tamaiti, tamāroa
song himene
soon fatata
sorry (to be) pe'ape'a
sow (female pig) pua'a maia'a
sour 'ava'ava

speak (to) parau
spear (to) pātia
spear 'auri
spill (to) ha'amani'i
sprain 'o'i
spread open (to) mahora
stalk, liana 'ata
stand up (to) ti'a
star feti'a
stare (to) hi'ohi'o
start (to) matara
start, commence (to) ha'amata
start, startle (to) hitimahuta
statue ti'i
stay (to) fa'aea
stay, holiday fa'afa'aeara'a
steal (to) 'ia, 'eia
steamer pahī
stick 'ama'a rā'au
still noa
stir (to) fa'arapu
stomach 'opū
stone 'ofa'i
stop (to) tāpe'a, fa'afa'aea
straight 'afaro
straighten (to) fa'a'afaro
street purumu
street, avenue āroā
strength puai
strength (to exert) ha'apuai
strong puai
stubborn māro
subject huru
succeed (to) manuia
sufficient (to be) rava'i, nava'i
sugar tihota
sugar-cane tō
suitcase tauiha'a, pūte
sun mahāna
Sunday Tapati
sure (to be) papū
surpassed (to be) hemo
surround (to) fa'a'ati

ENGLISH-TAHITIAN GLOSSARY

sweet *monamona*
sweetheart *here*
sweet potato *'umara*
swim (to) *'au*
sword *'o'e*

table *'amura'amā'a*
take (to) *rave mai*
take off (to) (plane) *mahuta*
talk, converse (to) *parauparau*
taro *taro*
taxi, car *pere'o'o*
taxi-driver *ta'ata-fa'ahoro-pere'o'o*
tears *roimata*
telephone (to) *tāniuniu*
tell, explain (to) *fa'a'ite*
temple *marae*
ten *hō'e 'ahuru*
terrify (to) *fa'amata'u*
Territorial Assembly *Apo'ora'a Rahi*
thank (to) *maurūru*
thank you! *maurūru!*
that (not near the speakers) *tēra*
that (near the person addressed) *tēna*
thatch (to) *āto*
the *te*
their (dl) *tō rāua, tā rāua*
their (pl.) *tō rātou, tā rātou*
then *ihora, ātura, 'i muri iho*
they (pl.) (dl) *rātou, rāua*
thief *'eiā*
thing *mea*
think (to) *mana'o, feruri*
third *a toru*
thirsty (to be) *po'iha*
thirteen *hō'e 'ahuru ma toru*
thirty *toru 'ahuru*
this *teie*
these *teie mau*
three *toru*

throw (to) *taora*
thunder (to) *patiri*
Thursday *Mahāna Maha*
ticket *titeti*
tie (to) *tā'amu*
time, hour *hora, taime, tau*
tired *rohirohi*
today *'i teie nei mahāna*
toilet *fare iti*
tomorrow *'ananahi*
tomorrow evening *'ananahi ia' pō*
tomorrow morning *'ananahi 'ia po'ipo'i*
tonight *'i teie ru'i, 'i teie pō*
tooth *niho*
tour (to) *fa'a'ati*
tourist *rātere*
town *'oire*
town hall *fare hau*
toy *ha'uti*
translate (to) *'iriti*
transport (to) *'afa'i*
travel (to) *tere*
tree *tumu rā'au*
trip *tere*
trouble *pe'ape'a*
trousers *piripou*
true, real *mau*
trumpet *pū*
trunk of a tree *tumu*
try (to) *tāmata*
Tuesday *Mahāna Piti*
turtle *honu*
twelve *hō'e 'ahuru ma piti*
twenty *piti 'ahuru*
twenty-one *piti 'ahuru ma hō'e*
twin *maeha'a*
twisted *fefe*
two *piti*

under *'i raro ā'e*
understand (to) *'ite*

unless *maori ra*
unripe *pi*
untie (to) *ha'amatara*
until *'e tae ātu, 'a tae roa ātu*
U.S.A. *Marite*

valley *fa'a*
vanilla *vanira*
very *rahi, roa*
victorious (to be) *rē*
visit, admire (to) *māta'ita'i*
visit, tour (to) *fa'a'ati*
voice *reo*
vomit (to) *ha'apiha'e*
voyage *tere*

wait for (to) *tia'i*
wake up (to) *āra*
walk (to) *ōri haere*
walk in procession (to) *porote*
wall *paruru*
want (to) *hina'aro*
warm *mahanahana*
warn (to) *ā'o*
wash (to) *horōi*
wash repeatedly (to) *horohorōi*
waste (to) *ha'amaū'a*
wasted (to be) *maū'a*
watch *uāti*
watch (to) *hi'o*
water *pape, vai*
water (to) *pīpī*
waterfall *topara'a-pape*
way, method *huru*
wave *'are miti*
we (dl exc.) *māua*
we (dl inc.) *tāua*
we (pl. exc.) *mātou*
we (pl. inc.) *tātou*
wear (to) *'o'omo*
weary *fiu*
weave (to) *ha'une*

Wednesday *Mahāna Toru*
weed (to) *'utaru*
week *hepetoma*
weep, lament (to) *mihi*
weigh (to) *faito, fa'afaito*
weight *tapau*
welcome! *manava!, haere mai!*
well *maita'i*
wet *haumi, rari*
whale *tohora*
wharf *uāhu*
what? *'e aha?*
when? *afea?, ahea?, anafea?, inafea?, 'i anafea?*
where? *tei hea? 'i hea?*
where to? *'i hea?*
where from? *mai hea mai?*
which? *'o vai?, tehia?*
whistle (to) *hio*
white *'uo'uo*
who? *'o vai?*
whose? *nō vai?, nā vai?*
whose place (at)? *'i ō vai?*
whom? (to) *ia vai?*
why? *'e aha? nō te aha?*
wife *vahine fa'aipoipo*
win (to) *rē*
wind *mata'i*
window *ha'amaramarama*
wine *uaina*
wise *'ite*
with *mai, e, nā muri iho*
without *'ore*
woman *vahine*
wood *vahie*
word *parau*
work *'ohipa*
world *āo*
wound (to) *pēpe*
wrap up (to) *pu'ohu*
write (to) *pāpa'i*
writing-paper *'api-parau*
wrong (to be) *hape*

yam *ūfi*
year *matahiti*
yellow *re'are'a*
yes *e, 'oia*
yesterday *'inanahi*
you *'oe*
you (dl) *'ōrua*
you (pl.) *'outou*
young (the offspring of animals) *fanau'a*
your *tō 'oe, tā 'oe*
your (dl) *tō 'orua, tā 'orua*
your (pl.) *tō 'outou, tā 'outou*
youth *tamari'i, taure'are'a*

INDEX
(references are to sections)

a, 11
'ā, 36
ability, 123
accompaniment, 84
active verbs, 46
adjectives, 23–8
ā'e, 25
afea, 100
after, 77
again, 78
agent, 47
ahiri, 130
ai, 46 (a, ix), 81, 98
'aita, 56
'aiteā, 60
all, 27
already, 78
'amui, 13
āna'e, 28
anafea, 100
anei, 93, 114
'aore, 56
'aore ā, 60
'aore ra, 133
'aore re'a, 72
Apetahi Flower, 141
Arrival in Tahiti, 92
articles, 11–13
at, 80
'atā, 13
atari, 13
'ato'a, 27
attempted action, 125
attributive, 66
ātu, 81
ātura, 77

base, 49
be, 70
because, 88
before, 77

benefactive, 83
Breadfruit Legend, 144
by whom?, 95

can, 123
cardinal numbers, 15, 16
causative verbs, 49–51
cause, 88
changing modifiers, 24
common nouns, 44
common noun possessors, 38
comparative, 25, 26
competence, 124
completed action, 46(a, viii)
conditional, 130
conjunctions, 133
consonants, 1
conversation, 104
Copra, 119

days of the week, 18
demonstratives, 30–4
dependent clauses, 105–17
desiderative, 128
diphthongs, 4
direction, 81
distant past, 46(a, vi)
dual, 12
dual form of verb, 53

e (with), 84
ē, 115
'e (article), 11
'e (by), 47, 95
'e (future), 46(a, ix)
'e aha, 94, 98, 100, 102, 110, 113
Eel's Hole, 138
'e 'ere, 58
'ehia?, 16
'ei, 66, 80

INDEX

'ei hea, 99
'e'ita, 57
elision, 9
emphatic pronoun, 122
'e nehenehe, 123
enumerations, 16
'e'ore, 57
equality, 26
equational sentence, 74
'e ti'a, 123
'e vai?, 95
every, 27

fa'a-, 49
fanau'a, 13
fatata, 77
feiā, 13
Fishing, 132
Fishing with Stones, 143
Fourteenth of July, The, 139
frequency, 78
from, 80
frustrative, 46(a, x)
future tense, 46(a, ix)

gender, 13
general articles, 11
glottal stop, 1, 5

ha'a-, 49
habitual action, 46(a, viii)
have, 75
hia, 47, 51, 52, 85
hina'aro, 128
ho'i, 129
House-building, 142
how, 112
how?, 101
how many?, 16
hui, 13

'i, 44, 46(a, iv), 47
ia, 54
'ia, 43, 90, 110
'i anafea, 100
if, 130
'i hea, 99, 117
iho, 46(a, v), 122
ihoa, 129
imperatives, 90
imperfect tense, 46(a, ii)
impersonal verbs, 69

in, 80
inability, 123
inafea, 100
indirect object, 65
'i ni'a, 80
initial vowels, 6
in order to, 87
intensified verbs, 54
interrogative, 93–102
interrogative non-subject, 95
interrogative subject, 94
intransitive, 63
'i ō vai?, 95
'i raro, 80
irregular verbs, 47(iii)

kinship terms, 146
know how to, 124

Lepers' Feast Day, 145
like, 26
location, 80

mā, 13
ma'a, 13
mai, 81–116
maia'a, 13
mai hea mai, 99
maira, 46(a, i)
mai te, 111
mai te mea e, 130
mai te peu e, 130
manner, 85
many, 72
Market, 127
ma te, 111
mea, 73
months of the year, 19
must, 129

na, 12, 46(a, iv), 81
nā, 37, 47, 75
nafea, 101, 112
nā muri iho, 84
nana, 13
nā roto, 80
nau, 12
nā vai, 94
necessitative, 129
need to, 129
negative, 56–61, 72, 73, 74
negative interrogative, 93

nei, 46, 81
never, 59
nō, 36, 75, 83, 95
nō hea, 99
nominalisation, 46(c)
non-verbal sentences, 72–5
normal modifiers, 23
nō te aha, 98, 109
nō te mea, 88
not yet, 60
noun agents, 47
noun + *hia*, 52
numerals, 15–17

'o, 11
'ō, 36
object, 44
object markers, 44
often, 78
ōni, 13
only, 28
Orange-picking, 140
ordinal numbers, 17
'ore, 61, 98
'otāne, 13
oti, 46(a, vii)
ought, 129
'ovahine, 13
'o vai, 94–5

pa'ato'a, 27
pa'e, 13
participial forms, 46(c)
passive verbs, 47
past tense, 46(a, iii–vii)
pauroa, 27
Pearl-shell Diving, 134
pe'etā, 13
pharyngealisation, 6
pinia, 13
placing of time phrases, 77
possession, 36–40
possessive pronoun, 75
possessive statements, 40
Post Office, 97
present tense, 46(a, i)
pronouns, 42–3
pronoun agents, 47
pronoun objects, 43
pronoun possessors, 37
pronoun subject, 42
pronunciation, 1–9

proper nouns, 11, 44
proper noun possessors, 39
pu'e, 13
pupā, 13
purpose, 87

quantity, 13

ra, 46, 81
rahi, 25
raverahi, 72
raverau, 72
recent past tense, 46(a, v)
reciprocal, 121
reflexive, 120
roa, 25, 59
ruru, 13

sex, 13
Shops, 108
since, 77, 116
so that, 87
special articles, 13
special verb fillers, 46(b)
stress, 8
superlative, 25
Sweet Potatoes, 137
syllable, 7

tā-, 50
tā, 36
ta'ato'a, 27
table of articles, 11
Tahiti, 92
tāne, 13
taua . . . ra, 33
tau na, 12
taura, 13
te, 11, 46, 94, 105–6
tehia, 95
te hō'e, 11
tei, 80, 94, 105–6
teie, 30
tei hea, 99
tei reira, 117
telling the time, 20
te mau, 11
temporal expression, 21
tēna, 31
tenses, 46
tēra, 32
tēra ra, 133

INDEX

te reira, 34
te tahi, 11
te tahi mau, 11
that, 31–4, 115
the, 11
Things to do in Tahiti, 136
this, 30
time, 20, 77
time phrases, 77
tō, 36
to'ohia?, 16
to whom?, 95
transitive, 64
try, 125

'ua, 46, 73
ufa, 13
unreal condition, 130
useful phrases, 10

vahine, 13
vera, 42
vai, 70
variants, 1
verb, 45–7
verbal sentences, 63–8
vetahi mau, 11

vowels, 2
vowel length, 3
vowel sequences, 4
vowel word initial, 6

want, 128
what, 113
what?, 102
when, 110
when?, 100
where, 117
where?, 99
where from?, 99
where to?, 99
whether, 114
which?, 94
while, 111
who, 105
who?, 94
whom, 106
whom?, 95
whose?, 95
why, 109
why?, 98
with, 84
without, 61

young of animals, 13

Text set in 10 on 11pt Monotype Times Roman
by The Universities Press Pty Ltd Melbourne

www.ingramcontent.com/pod-product-compliance
Lightning Source LLC
Chambersburg PA
CBHW021709230426
43668CB00008B/770